北洋大战争

——枭雄是怎样炼成的

陈钦 梁江涛◎著

作家出版社

北洋时代

是各路枭雄争斗的修罗场，又是各种治国理念的试验田，

是中国过去的展览馆，又是中国未来的孵化器。

烛照深远，照鉴未来

十九世纪末，天津小站，一个叫做袁世凯的青年将领，训练了一支模仿西方的、人数不多的新式陆军。

很多人都没想到，这支为了拱卫朝廷、震慑内外的军队，最终不仅断送了大清二百多年的天命，更启动了中国又一次合久必分的历史循环。

这支军队，是"朝廷欲将太平大局保"的产物，却在晚清鼎革之变中，武夫当国，把持了朝政。

这支军队，"第一立志要把君恩报"，却剑履上殿，逼迫清室退位，开创了中国历史"无君"的政局。

这支军队，由"大帅统领遵旨练新操"，却最终四分五裂，让神州大地，成了列位"大帅"群雄逐鹿的大战场。

中国历史上前所未有的独特时代——北洋时代，自此而始。

袁世凯时候的北洋格局，以地域而分派系，皖系、直系、奉系，各路诸侯或出掌大局，或主政一方，但与中国古代不同，那不是一场简单的军阀混战，而是共和理念之争、是国体之争。而当时的国际环境，可以说是门外一鹿，群雄争逐，弱肉强食，中国如何救亡自存，中国往何处去，旧思想、新理念交汇，人心思变的空气异常浓厚。

在陈钦老师看来，北洋时代，是各路枭雄争斗的修罗场，又是各种治国理念的试验田，是中国过去的展览馆，又是中国未来的孵化器。这个承过去、启未来，是非纷纭的重要时代，长期以来却不为今人了解。因此陈钦先生著《北洋大时代》系列图书，纵论北洋文韬武略，时局人物，蔚为大观，"北洋大时代"一词，因此书而深入人心。

近期，陈钦老师新作《北洋大时代》系列第三部《北洋大战争》又将付梓，相信是继《北洋大时代》之后，又一呕心力作。北洋时期的军事纷争，所谓学者，坐而论道颇可，然而坐以施道，确实为难，尤其当时近百年中，实学尽废，寻章摘句之人有之，切己体物恪事之人全无。正如王阳明先生所云："吾人为学，当从心髓入微处用力，自然笃实光辉。"这样的为学精神，知易行难，而陈钦老师《北洋大战争》一书，力图奋迅精神，求真切实，将这一场所谓的"北洋混战"，梳理得脉络清晰、一点不乱，穷究了排兵布阵的门道，战争胜负的要诀。

北洋时代倚军力兴盛而起，因军力衰败而终。从在武汉三镇击败革命军，从而把握朝政起，到国民革命军北伐成功，北洋时代寂寞落幕，十几年的时间里，北洋军人们走完了一个"其兴也勃焉，其亡也忽焉"的命运循环。作者在该书中，秉笔直书惨烈战事，民生凋零。而北洋时代终结，恃武而骄的新贵们，却将中国又带入了下一个兵戈相争的循环，让人不胜哀叹。

北洋时代的千秋功罪，后人评说已多。无论对其评价如何，在北洋时代的中国人，对中国未来道路的探索，所得到的经验与教训，烛照深远，照鉴未来，相信这也是该书对当下更深远的价值所在。

——袁腾飞

疗既往之毒，启未来之志

　　"北洋大时代"一词系陈钦先生首先提出，对北洋冠以"大时代"理应有史家之责。三部有关北洋的系列图书，作品围绕着中国宪政追求和节操意志两端，也是大时代所特有之精神性格，也是那个时代国家存亡的动静血脉。共和和宪政不是一个层面的概念，先有宪政，后有共和。共和乃文化之理想，宪政是制度之规范。宪政为实，共和为虚。虚实相生，乃求国家根本。

　　《北洋大时代》第一部的亮点就是为一些曾经推动历史进步的人物平反，第一部《北洋大时代》中对袁世凯的评述一反他的脸谱形象，不再简单是个卖国贼、窃国大盗、北洋军阀、复辟头子，而重新定位为"治世之能臣，乱世之枭雄"。重现他在北洋时代，独一不二的历史角色，较为深刻地刻画了顺应时变的改革家形象，当时国家政体转变的枢纽在于此人。袁世凯对宪政的追求固然有种种之不足，然而不做历史的绊脚石是其功绩；复辟做皇帝，固然为世人耻笑，但在一个不知总统为何物的文化环境之下，君主立宪其功尤大于过。

　　《北洋大时代》中的其他人物段祺瑞、曹锟、张作霖、吴佩孚、孙传芳，在质疑他们争强好胜、贪图虚名之余，也赞美了他们面对日寇利诱时的铮铮铁骨。尤其是对段祺瑞廉洁奉公的个人修养的表述，是以彼之时代针砭此之时代，于今天大有裨益。

　　在《北洋大时代》中有大量的篇幅让我们重新发现北大的精神，历数蔡元培、胡适、蒋梦麟、马寅初等诸校长对于北大精神的倡立和贡献，反思五四运动对于国民精神信仰之影响。阐发精微，有益于当世。大师之所以成为大师，是因为他们是文化的载体和寄托，文化中所要经历的痛苦，在他们那里又有最沉重的呈现。

　　《北洋大时代》第二部《大师们的理想国》为思想篇，开篇就从孙中山和陈炯明的共和理念之争拉开帷幕，使得陈炯明这位"民生大师"的形象清晰地浮现在世人面前。在第二部里北洋时期各类思想代表人物几乎都有不同视角的再现。那一时期，正可谓是百花齐放的开明开放时期。现在，大师已死，先生不在，读罢第二部，让人掩卷，不忍再回看。

　　第三部《枭雄是怎样炼成的》是一部军事篇，《北洋大时代》实欲为北洋盖棺。北洋之时代，与过去的三十年，有一个共同的大缺陷，即好大喜功，正是强人（精英）治国的问题所在。得权者滋权乱是这个民族深重的灾难之根，所幸习大大正是要把权力装入笼子。

　　是为序。

——高乾源

当代中国的思想储备

近年来，"民国热"、"台湾热"一度有百年前中国学人"欧洲热"、"日本热"的影子。这些"热"的背后，均反映出中国学者对在当下问题的探究中，试图从类似的历史中找寻答案的意思。《北洋大时代》也正是要从当下的诸多政治思想问题着眼，从北洋时代风云变幻的政治斗争中找寻解决先例。

基于此点，该书文章起笔均从当下热点事件出发，逐层剖析，并慢慢引入北洋时期类似问题的解决途径。自然，解决问题的，是这些被称为"军阀"或者"大师"的民国初期的社会精英们，他们拥有自己的政治远见，在对民族、国家问题的解决方略中，无不透露着他们对理想中国的追求。值此当下，重温他们的政治构想，有缅怀过往的味道，但更多的是明鉴当下，以示未来。

北洋时代，国人摸索的方向是民主宪政。自清帝退位以来，中国业已失去君主立宪的可能，其前，虽有康有为、梁启超的"戊戌变法"进行了实验，其后亦不乏袁世凯、张勋对帝制的重温，但共和之势业已成风，国人要探究的并非未来是什么，而是如何到达未来。"宪政"二字在如何到达未来的思考中尤为重要。

因此，作者陈钦先生在《北洋大时代》这套书中，多处提及法律须被尊重的问题。"三·一八"惨案后，北洋政府以司法形式问责开枪者；火烧赵家楼后，多名北大学者建议肇事者投案自首；胡适之专门写文章要求蒋介石结束训政，并于次年果然等来政府打算进入宪政时期的声明。该书还专门开辟章节，记述某些公案，翔实记录了在民国时期轰动一时的报人"辱骂"国家领导人案。报人邵力子、叶楚伦等君因在报纸上发表段祺瑞等人系日本人子孙的关系图谱漫画，而遭段祺瑞等政府领导人的法律起诉。最终，该案以报人赔偿领导人200现大洋了结。作者陈钦不无调侃地说，若是先抓后审，或者根本不走法律程序，又何止是现大洋的事情呢。北洋大时代，提供给我们的，正是这种法律大于政治的新思考。

《北洋大时代》里有很多亮眼的事件，比如对袁世凯、陈炯明的平反。在对陈炯明的记述中，陈钦先生虽因《北洋大时代》的书稿要为同名纪录片服务，所以未对陈炯明的实践路线展开过多的详细解读，但还是尽可能地依靠现有材料罗列常识，还原了陈当年在广东所进行的共和、宪政之路。在扎实的资料面前，读者可以看到陈炯明时代广东多方面的新理念实践：县长直选、教育义务化、全力发展经济，甚至于，早在陈炯明时期，中国便已经提出"联省自治"的政治构想。

联省自治，也并非只是陈氏的一家构想，它曾经成为北洋大局面下的一种最切实可行的、具操作性的民主宪政之路。较为遗憾的，是孙中山与陈炯明的矛盾冲突升级，最终造成"联省自治"的倡导者陈炯明黯然退出历史舞台。这场本是政治思想走向上的分歧，却最终以武力的方式得以解决。

北洋政府时期，实则为小政府、大社会时代。这样的时代环境，才可以容忍阎锡山在山西搞农村建设，支持张謇在南通做近代民族资本主义的发展。政府力量薄弱，民间各方实力雄厚，才能形成多方话语权利的博弈与共振，建立一种基本的制衡关系。我们甚至可以说，北洋政府时期是中国历史上专制性较为薄弱的一个年代。也只有在专制较为薄弱的时期，才可能诞生可以为后世提供政治思想储备的大师来。英雄和大师促进了时代，也是时代造就了英雄和大师。《北洋大时代》第三部《枭雄是怎样炼成的》，非常清晰展现了时势造英雄的历史画卷，有英雄凯歌，有志士落寞，无论成败，无论对于后世的影响如何，他们身处乱世中，那颗救国救民的赤子心却是永远不能质疑的。

这套图书中尤为值得注意的一点是，亦收录马一浮、梁漱溟、虚云大师、弘一法师等大家的思想著述与生平事迹。马一浮和梁漱溟为儒家，虚云大师和弘一法师为佛家。新时期的儒家和佛家，并未对国家的政治构成方式做具体论述，他们更关注个体人的内心修为。在讲述大时代、大走向之余，亦对杰出人物的个体情怀进行了阐述，体现的是文化形态上的一种兼容并蓄与敏锐前瞻。他们的思想火花，对于多元化的中国来说，无疑是一笔宝贵的财富。

《北洋大时代》中那批社会精英们的实践成果可以成为那个时代带给我们的思想储备。

——马庆云

目录
Contents

第二卷 袁氏当朝

◎日军自近代以来到二战开始前夕，几乎没有打过败仗，数次击败老牌军事强国俄罗斯和德国。那么，效力腐朽清朝政府的袁世凯，到底有什么过人的才干，成为近代史上击败日军第一人的？

第三卷 共和之争

◎防守湖南一带的吴佩孚屡次三番提出要撤防北上，对皖系来说，直系军队的这一企图非同小可，和谈将毁于一旦。一心想通过和平方式再次达到共和的段祺瑞，决心阻止吴军北上。他有什么招数呢？

第四卷 民国一统

◎两湖战役何以将贺胜桥作为双方血拼的战略要塞？蒋介石强攻武昌城之策何以失灵？国民革命军第四军为何像打了鸡血般浴血奋战，势不可挡？他们又是怎么获得『铁军』殊荣的呢？

第一卷

北洋初成

◎李鸿章将旧式军队训练成与国际接轨的近代化军队，说白了就是"鸟枪换炮"。他迫切意识到，武器装备再更新，如果不在训练上做足功课，建立近代化的军队也是一句空话。李鸿章的军事改革推进顺利吗？这一过程中还有哪些鲜为人知的故事呢？

◎ 1871 年的李鸿章 (1823-1901)，直隶总督兼北洋大臣，近代化军事改革的提倡者。

鸟枪换炮

—— "辫子采购团"成了克虏伯公司座上客

李鸿章小时候在家门前的水塘里游泳，听到私塾先生悠然自得地吟诗："千年古树当衣架"，李鸿章冒出水面大声接道："万里长江作浴盆"。还有一次他父亲随口吟出"风吹马尾千条线"的上联，李鸿章朗声应对："日照龙鳞万点金"。

虽是名人传说，不过字字句句中可读出少年李鸿章的胸中气象，体现出他对祖国大好河山的热爱。在他的宦海生涯中，始终将忠君爱国思想化作对每一寸国土的眷恋与深爱。那么，在晚清中兴时期，李鸿章是如何开展军事变革的？"两条腿走路"的改革理念在实施中又遭遇到了哪些难题？

李鸿章对军事改革矢志不移，他所苦心经营的淮军成了改革的试验田。1862年4月，李鸿章率淮军抵达上海。中国旧式冷热兵器在洋枪洋炮面前立马相形见绌、自矮三分。他叹服洋兵"枪炮并发，所当辄靡，其落地开花炸弹真神技也"，坚意要学洋人。李鸿章说干就干，不到一年工夫，刀矛弓矢、鸟枪抬枪和劈山炮几乎全部淘汰。

1864年，李鸿章多次向总理各国事务衙门建议，提出尝试中国近代化军事改革。在当时提出军事改革的有识之士中，李鸿章是首倡人与先驱者。李鸿章深感绿营八旗与湘军营勇都是散兵游勇，毫无战斗力，根本不符合近代军事发展的要求。因此，他提出要改易兵制，建立近代水师。在李鸿章再三呼吁改革兵制之下，部分绿营八旗名义上变成了练军。

李鸿章将旧式军队训练成与国际接轨的近代化军队，说白了就是"鸟枪换炮"。他迫切意识到，武器装备再更新，如果不在训练上做足功课，建立近代化的军队也是一句空话。李鸿章的军事改革推进顺利吗？这一过程中还有哪些鲜为人知的故事呢？

买军火、造军火的"两条腿走路"方针是李鸿章解决新式装备来源的一大建树。

1868年，李鸿章派出一个庞大的"辫子采购团"出国考察采购先进的军火武器。可是，西方一些国家的军火商看到了这一大溜顶戴花翎、不苟言笑的东方客商，都没拿正眼相看。他们走到哪儿，总被人围观和嘲笑，自然军火生意谈得不顺畅。

"辫子采购团"在欧洲转了一圈，最后来到了德国的埃森，找到了克虏伯公司。没想到这个赫赫有名的军工企业没人关注辫子，而是以贵宾之礼相待。克虏伯的老板甚至让自己的夫人一起出面作陪，这让"辫子采购团"倍有面子。李鸿章得知后非常高兴，一拍板就订购了356门克虏伯大炮。

这也是克虏伯公司有史以来最大一笔订单。后来知道，克虏伯公司非常精明，他们发现"辫子采购团"在其他国家遭遇尴尬后，于是采取非常彬彬有礼的接待方式促成这份大订单。

◎ 1856 年的南京，江南制造总局职员在拆解一台进口马克沁重机枪。

后来，采买军火正常化了，李鸿章发现一些军火商往往以次充好，一枚 12 磅炸弹竟要 30 两白银，他下决心要自造枪炮。他先后一手筹建了江南制造局、金陵机器局两大兵工厂，接着又改造扩建了天津机器局，兴建了天津淮军军械所，还增大了武器弹药的生产，并在威海卫、旅顺等地组建了水雷营，旅顺还建造了船坞。通过"两条腿走路"，清军的装备有了很大改观。

李鸿章将其亲兵营改为洋枪队，在镇压太平军的巷战中大获全胜。以改良"洋枪队"为主要手段的改革，使淮军的战斗力大为增强，"临阵时一营可抵两营之用"。随着淮军装备的更换，它成为当时中国装备最为精良的部队，担负了保卫京畿的重要任务。

◎由世界著名的火炮制造商克虏伯（Krupp）公司设计的 88 毫米高炮（在虎门沙角炮台现尚存有一门克虏伯公司制造的 155 毫米大炮，但从未发挥过作用，它的第一发炮弹至今仍卡在炮膛里）。

有了洋枪队，就得有洋炮营，1863 年初，淮军设立炮队。最早设炮队的是李鸿章的亲兵营，即张遇春的"春字营"。当时仅有兵员 200 余人，这是淮军成立正式炮队以专门营伍之始，也是中国炮兵建制的发轫。1877 年李鸿章又添置了最新式的德国克虏伯后膛钢炮 114 尊，并仿德国炮营之制，成立了新式炮队 19 营。

淮军武器装备精良，成为清廷最为倚重的一支军队，李鸿章自我感觉非常良好："敝军枪炮最多而精"，"是以所向披靡"。可李鸿章还有一个未解心结，是什么呢？

◎老阿尔弗雷德·克虏伯 (1812—1887)，
被李鸿章称为"有大本事人"。

这就是如何训练军队的问题。李鸿章雇外国军官担任教练顾问，同时还大胆地拨出军队由外国军官直接训练，用新式战法训练军队。练兵场上，农民出身的士兵看到洋枪和洋炮竟不知从何下手，甚至轻易不敢触碰，闹出了不少笑话，李鸿章就让外国教练手把手地从如何握枪、射击开始，教他们使用新式武器。

有一回，李鸿章像平时一样搬把椅子，坐在教练场外全神贯注地观看士兵演练。一声巨响把他惊吓得差点从椅子上翻倒。原来是士兵操练失误导致弹药被引爆，这起事故炸死 20 多名官兵。有人劝李鸿章不要再玩这些火气太大的洋玩意儿，可他信心满满，决心坚定，一点都没有动摇"鸟枪换炮"的训练。他说："世间没有唾手可得之果，待兵士百发百中之时，将无坚不摧！"

李鸿章担任直隶总督时，直隶练军的装备也仿效淮军进行了大规模的改良。绿营兵制将不知兵，兵不知将，遇战临时抽调成军，号令不一，各自为战，由此引起兵败如山倒的惨状，不胜枚举。日渐腐败的绿营将官不能胜任近代军事，使李鸿章伤透脑筋。他下决心打破祖制成规，用新的标准来衡量选拔军事人才。

◎西北的新疆要守，东南广大的海疆也必须要防，"塞防"与"海防"孰轻孰重的巨大分歧就此摆上了台面，一场事关大清帝国国防战略决策的大讨论就此拉开大幕。那么，讨论结果如何？谁是"海防论"意见的领袖？他抛出了怎样的国防策略？

◎收复新疆之前的左宗棠。

海防，海防

—— 李鸿章一道奏折改变国家与个人命运

19 世纪 70 年代，中国已是深陷风雨飘摇、列强环伺的危险境地。

西北地区，俄国步步紧逼，加快了对新疆的侵略。1871 年，俄国以替清廷讨伐阿古柏之名攻占了伊犁。穆罕默德·雅霍甫（Mohammad Yaqub Beg，1820 年－1877 年 5 月 30 日），汉名阿古柏，被中国人称为"中亚屠夫"，为中亚浩罕汗国阿克麦吉特（白色清真寺）伯克。他在沙俄以及英帝国的幕后支持下，于 1865 年至 1877 年成立哲德沙尔汗国，并率军入侵中国新疆，史称"阿古柏之乱"，后被清朝陕甘总督左宗棠击败。俄国的胃口自然不是一个伊犁就能填满的，其意在鲸吞整个广袤新疆。如此虎视眈眈，清政府自然不能不防。驻伊犁将军荣全屡次进谏清廷，竭力请求朝廷派兵。1874 年 8 月，左宗棠奉旨率军出塞，集结大批兵力于嘉峪关口，随时出征。

东南方面，日本自 1868 年明治维新后，国力大大加强，确定了"跃进海外、雄飞大陆"的扩张政策，其首要目标就是侵占琉球、朝鲜与中国的台湾。1874 年，日本以琉球国及日本备中州两起船难事件为借口出兵台湾。这一事件正是近代日本侵华的开端，是其实施南进政策的第一步。清政府多方周旋，"经总理衙门王大臣与该使（注：日本使臣）

◎太平天国覆灭后，列强瓜分中国的态势已越演越烈。

多方开谕，几于管秃唇焦"，最终与日本签订了《北京专条》，以白银50万两哄着日军撤出台湾。日本"侵台事件"固然是其野心使然，然而背后却不乏欧洲列强的影子，以英国为首，其他美、俄、德、西等各国皆在台湾拥有巨大的商业利益，因此，"日本侵台"事件的发生、发展和解决，实际很大程度上都受到英美各列强的影响。对台湾的利益之争，岂唯日本独有？对中国领土的觊觎，又何止是区区台湾？台湾，只是东南广阔海疆的一个跳板而已。

西北的新疆要守，东南广大的海疆也必须要防，"塞防"与"海防"孰轻孰重的巨大分歧就此摆上了台面，一场事关大清帝国国防战略决策的大讨论就此拉开大幕。那么，讨论结果如何？谁是"海防论"意见的领袖？他抛出了怎样的国防策略？这次持续多年的大讨论又对晚清军事近代化进程产生了怎样的影响？

1874年11月5日，总理衙门递呈《海防亟宜切筹武备必求实际疏》，强调筹办海防的必要性和紧迫性，并提出"练兵、简器、造船、筹饷、用人、持久"各条，交滨江沿海各省督抚、将军讨论。此可视为讨论之始端。（此时，左宗棠正在陕甘总督任上，辖境并非沿海沿江地方，但总理衙门认为他"留心洋务"，所以也咨请他参加讨论。）

11月19日，江苏巡抚丁日昌递呈《海洋水师章程》6条，建议沿海建立水师。"大清海军计划分为三支海军舰队：北洋水师负责山东、直隶及以北之黄海，南洋负责山东以南及长江以外之东海，粤洋负责福建及南海。"三洋水师各设提督一人，北洋提督驻天津，负责直鲁两省沿海防务；南洋提督驻吴淞，负责江浙两省沿海防务；粤洋提督驻南粤，负责闽粤两省沿海防务。三支海军各备大兵船6艘，炮船10艘，每半年会操一次，以期"三洋联为一气"。

此外，办理台湾事务的钦差大臣沈葆桢、两江总督李宗义、湖广总督李翰章、福建巡抚王凯泰、浙江巡抚杨昌浚、江西巡抚刘坤一，均主张优先筹办海防。

12月10日，位居直隶总督兼北洋大臣的李鸿章上了一封对大清帝国意义重大、影响深远的奏折：《筹议海防折》，系统地阐述了自己对海防的看法。

在这封奏折中，他首先指出当时国家面临的严峻形势："江海各口，门户洞开，已为我与敌人公共之地。无事则同居异心，猜嫌既属难免；有警则我虞尔诈，措置更不易周。值此时局，似觉防无可防矣。"既已非封疆保守之国，则"交涉之事日繁，彼族恃强要挟，在在皆可生衅。"而"一国生事，诸国构煽，实为数千年来未有之变局。轮船电报之速，瞬息千里！军器机事之精，工力百倍；炮弹所到，无坚不摧；水陆关隘，不足限制，又为数千年来未有之强敌。"面对列强如此咄咄逼人之势，国家该如何应对？协商和谈吗？李鸿章犀利指出："洋人论势不论理，彼以兵势相压，我第欲以笔舌胜之，此必不得之数也。"

在此情境下，李鸿章提出整顿海防犹如箭在弦上，"乌得谓防务可一日缓哉！"

李鸿章认识到整顿海防面临的诸多问题："所未易猝办者，人才之难得、经费之难筹、畛域之难化、故习之难除，循是不改，虽日事设防，犹画饼也。"在编练海军、武器装备、筹饷、用人等各方面都提出了具体的可操作的建议："就现有陆军认真选汰，一律改为洋枪炮队"、"亟练水师"，认为各洋海军均须拥有大铁甲船二艘，"一处有事，六船联络，专为洋面游击之师，而以余船附丽之，声势较壮。"就清政府对于筹备海防所需巨款无力遽得的窘况，他主张"欲图振作，必统天下全局，通盘合筹，而后定计。"在现代化人才培养方面，李鸿章认为，"近时拘谨之儒，多以交涉洋务为浼人之具，取巧之士又以引避洋务为自便之图。"他建议"似应于考试功令稍加变通，另开洋务进取一格"……

"塞防论"的意见更为平和一些。左宗棠主张"东则海防，西则塞防，二者并重"。他称颂总理衙门筹办海防6条"闳远精密，无少罅隙"，不同意丁日昌设立北东南三洋海军的建议，认为"洋防一水可通，有轮船则闻警可赴。北东南三洋只须各驻轮船，常川会哨，自有常山率然之势。若划为三洋，各专责成，则畛域攸分，翻恐因此贻误，分设专阃三提督共办一事，彼此势均力敌，意见难以相同。七省督抚不能置海防于不问，又不能强三提督以同心，则督抚亦成虚设，议论纷然，难以实效。"

史学界一度将"海防"与"塞防"对立起来，认为"海塞之争"实质上是要不要维护国家领土主权的完整、要不要维护中华民族根本利益的大是大非之争，是爱国与卖国的斗争。事实上，参与海防论研讨的朝廷重臣，并没有人提出放弃海防或者塞防的"单选题"，主要是因

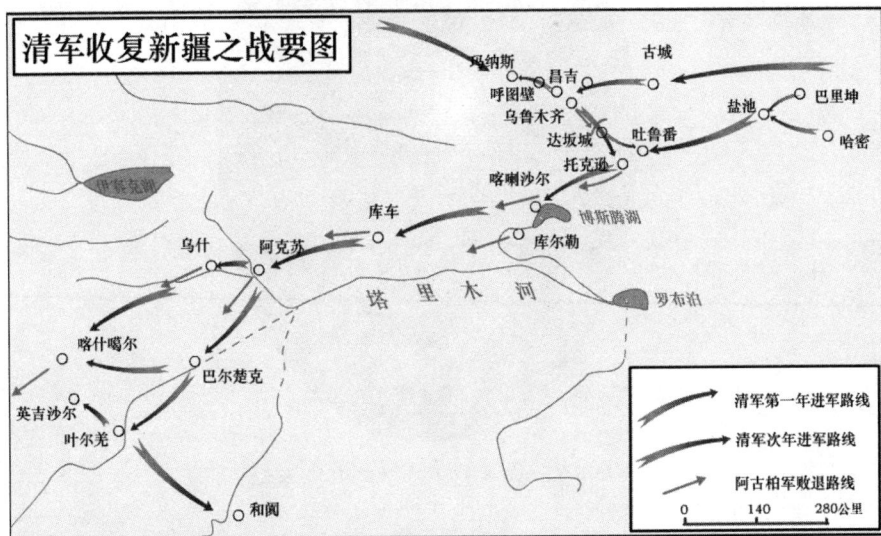

◎左宗棠收复新疆对中国近现代化政治格局的影响十分重大。

◎清廷最后采纳了左宗棠等"塞防与海防并重"的策略，任命左宗棠为钦差大臣督办新疆军务，任命沈葆桢、李鸿章分别督办南北洋海防事宜。左宗棠不负众望，成功收复新疆。

◎ 1875 年，陕甘总督左宗棠 (1812–1885) 在兰州。

为当时国际大势之下财力不济，不足以遍地开花大办国防，故争论的焦点，集中于到底是海防优先还是塞防优先。

有研究者说李鸿章要以放弃新疆置换他所坚持的"海防第一"。其实，李鸿章说："新疆不复，于肢体元气无伤；海疆不防，则腹心之大患愈棘"，认为"中国目前力量，实不及专顾西域"。显然，他的意思是假设新疆不保，不会伤及整个帝国的存亡大计，而海疆失守，则帝国危在旦夕。

而且，李鸿章并没有一味强调"海防论"，他专门对解决新疆问题提出具体的路线图，建议朝廷撤回在塞外边疆的部分驻军，调整增派兵力出塞的计划，令现有驻防官兵"严守现有各边界，且屯且耕"，而省下来的银子驰援海防之急需。同时，他还提出经营新疆的怀柔之策。

后世研究者将持"海防论"的李鸿章与持"塞防论"的左宗棠排队为正反角色——李鸿章被视为卖国贼，左宗棠则被奉为民族英雄。而左宗棠当年评价李鸿章等"海防论者"却非常客观："今之论海防者，以目前不遑专顾西域，且宜严守边界，不必急图进取，请以停撤之饷习济海防；论塞防者，以俄人狡焉思逞，宜以全力注重西征，西北无虞，东南自固。此皆人臣谋国之忠，不以一己之私见自封者也。"

各自观点不同，但其初衷都是为国家安全计。左宗棠的这番公正评价甚至可为当年"海防"与"塞防"的争议盖棺定论。

海防大讨论见证看家护院式旧军事向近代新军事艰难转型的过程，同时也是晚清传统中国向近代中国艰难转型的过程。这其中，晚清大员传统政治军事理念向近代政治军事理念的转型显得举步维艰。李鸿章提出的"海防第一"观遭遇莫大的阻力，折射出转型期国人近代军事观念的迷茫与混沌。就像日本林子平的"海防论"一样，经受历史的验证往往要巨大的成本，甚至延误掉宝贵的黄金时代。

更重要的是，"成王败寇"早已成为国人对事对人的思维定式。清廷最后采纳了左宗棠等"塞防与海防并重"的策略，任命左宗棠为钦差大臣督办新疆军务，任命沈葆桢、李鸿章分别督办南北洋海防事宜。左宗棠不负众望，成功收复新疆。而李鸿章，在福建马尾水师和北洋水师先后全军覆没的惨败面前，不可能赢得国人的同情，更不可能像左宗棠因胜利归来般永载史册。

制器之器
——"第一军工厂"有困难找督办

1901 年 3 月 31 日，在湖北汉阳钢药厂，一声巨大的轰响让厂内厂外的所有人都吓呆了。一位 57 岁的军事科学家因火药发生意外爆炸，献出了宝贵的生命，他也是我国近代第一位殉难于科研事业的科学家。那么，这个人是谁呢？他研究出了什么样的军工产品呢？

这位为中国近代军工事业献身的人，就是徐建寅。他走上军事科研之路，还得从他的父亲徐寿说起。

徐寿，江苏无锡人，清末科学家，中国近代化学的启蒙者。青年时期的徐寿，只身来到上海求学。通过坚持不懈的自学，成为江南一带小有名气、酷爱科研的学者。博学多才的徐寿很快受到曾国藩、左宗棠、张之洞、李鸿章的赏识。

1861 年，曾国藩在安庆开设军械所，聘请徐寿和他的儿子徐建寅，还有华蘅芳等学者加盟主办。曾国藩为徐寿等人出了一道大难题，要他们用一年时间造出纯中国人自产的蒸汽机。当时，一无图纸，二无资料，三无顾问，怎么办？

徐寿从《博物新编》中找到了一张蒸汽机的略图，又到停泊在长江边的一艘外国小轮船上偷偷摸摸观察研究了一天……徐寿等人废寝忘食，经反复论证、精心设计，终于在1862年7月研制成了我国第一台蒸汽机。从此，这个时间被定格为中国近代工业的开端。

1864年，军械所搬到南京，徐寿主持制造出了中国海军的第一艘蒸汽动力船，曾国藩为之命名为"黄鹄"号。曾国藩说，黄鹄，大鸟也，一举千里者。这艘兵船下水那天，南京下关码头贺者云集，热闹非凡。中国近代军事工业从此启航远行……

1865年9月20日，两江总督李鸿章上书奏请朝廷批准置办江南机器制造总局。在这份"可行性研究报告"中李鸿章提出："机器制造一事，为今日御侮之资，自强之本"。很快，江南制造总局获批成立，成为李鸿章在上海创办最早、规模最大的军工企业。李鸿章不仅是"第一任厂长"，而且比起其他督办，他任职时间最长。

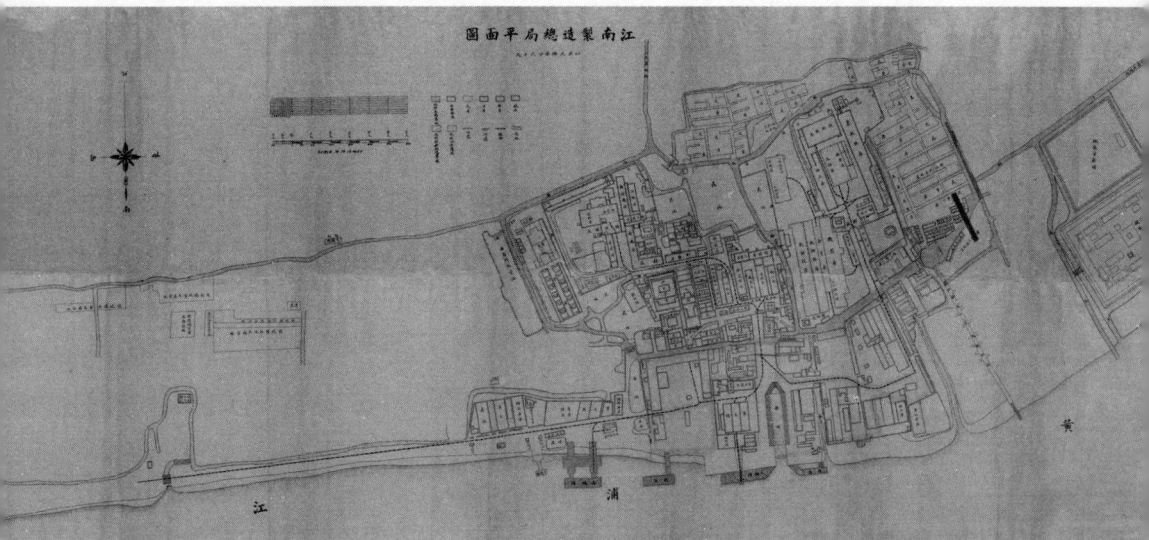

◎江南制造总局平面图。

曾国藩、李鸿章提出"制器之器"的办厂目标，清廷对此兴趣盎然，要钱给钱，有求必应。制造总局的设备来源主要有三块：一是容闳在美国购置的机器；二是丁日昌收购的旧铁厂设备，三是苏州等地洋炮局的设备。接下来，就是招贤纳士，那么，谁将成为制造总局的"总工程师"呢？

没有比徐寿再合适的人选了。徐寿到任后，提出四大"拳头产品"：一为译书，二为采煤炼铁，三为自造枪炮，四为操练轮船水师。原来曾、李设想只是办生产军械的工

◎中国近代化学启蒙者徐寿 (1818–1884)，曾助曾国藩开办安庆军械所。

厂，到徐寿这里，却成为集翻译、科研、生产与军事训练为一体的"集团公司"。曾、李有个共同点就是尊重专家、尊重人才，照徐寿说的办，让有困难，找督办。

从此，徐寿在江南机器制造总局设立的翻译馆成为放眼看世界的一大窗口，除聘请傅兰雅、伟烈亚力等西方学者外，又召集了华蘅芳、季凤苍及儿子徐建寅等科研人才。徐寿本人在研究军工的同时，还痴迷于化学，今天大家熟悉的钠、钾、钙、镍等元素的中文名称就是徐寿命名的。

此时李鸿章的专注力自然不在化学上，而是如何造出中国品牌的大炮军舰。李鸿章是德国克虏伯公司的铁杆粉丝，称克虏伯家族为"有大本领的人"，他就是要把江南制造总局办成中国人的"克虏伯军工厂"。那么，克虏伯有什么值得李鸿章崇拜的呢？

◎克虏伯生产的速射炮曾被江南制造总局的科学家成功"山寨"。

　　位于德国埃森的克虏伯公司最初是个小铁匠铺，传到老克虏伯手里，只有三间茅屋。克虏伯家族家风严格，早餐哪怕迟到一分钟就要吃闭门羹。即便是滴水成冰的寒冬，老克虏伯也不准烧旺壁炉，要把办公室搞得冷一点，防止员工在工作时无精打采，他的子孙都是在这样的环境中长大的。

　　后来老克虏伯炼成了性能极好的钢材，造出了优良的后膛钢炮，自此克虏伯订单如雪片一样飞来，在军工界名声大振。

　　李鸿章迫不及待地盼着江南制造总局成为"中国的克虏伯"。他说大办军工"有事可以御侮，无事可以示威"。在李鸿章的影响下，他的外甥张士珩也成为一位军工专家，曾在江南制造总局担纲。

　　江南制造总局没有让李鸿章失望。徐寿父子等人设计和制造了"海安"、"驭远"等多艘兵船，锅炉与主机都是自造，船上能配备26尊大炮、500名水兵。

◎支持洋务运动的恭亲王奕訢 (1833–1898)，总理各国事务大臣。

◎湖广总督张之洞 (1837–1909)，坐镇中南部的洋务派中坚。

1868 年，这里制造出第一艘载重 600 吨的明轮兵船。1876 年，中国第一艘铁甲军舰"金鸥"号，又在江南制造局诞生。

速射炮在欧洲一露面，就被江南制造总局嗅觉敏感的专家盯上了。1890 年，总办刘麒祥获准引进一门英国阿姆斯特朗公司的 "全钢后膛快炮"，逐件拆开，照葫芦画瓢。很快"山寨版"的速射炮就新鲜出炉。中国制造速射炮的历史也由此开始。

江南制造总局是整个晚清时期兴办的 40 多个兵工厂中影响力最大的一个，是洋务运动中集军事工业、科技研究和造船为一体的大型民族企业，是清末中国重要的船舶、军火生产基地。它的诞生标志着中国现代工业的开端，标志着中国产业工人的诞生，标志着中国现代科技的确立，开创了中国近代军事工业机器化生产的先河，对中国近代军事工业的发展居功至伟，"中国第一厂"当之无愧。

◎上海金利源栈房码头图。

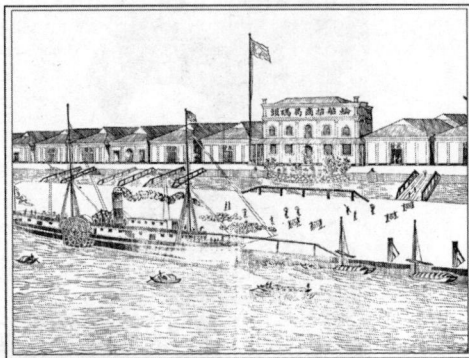
◎上海下海浦北栈码头图。

◎上海招商局中栈码头图。

◎招商局丰顺轮船行驶图。

◎招商局海晏轮船行驶图。

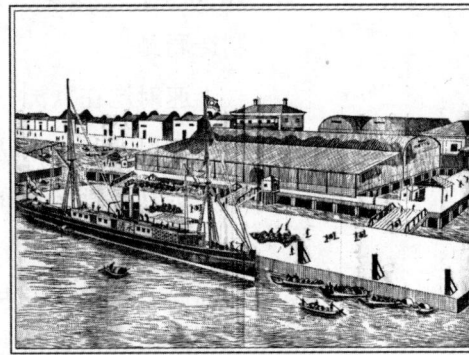
◎招商局上海金方东栈房码头图。

◎招商局天津正栈码头图。

◎招商局永清轮船行驶图。

不仅如此，江南制造总局还是传播西方科技的重要平台。从它创办的那一天起，便将现代科技作为强国强军的巨大"推进器"，为我国培养出一批科技精英。这些人以及他们的接力者，后来都成为现代中国工业、国防以及科技领域的中流砥柱。

江南制造总局拿出"中国制造"品牌武器的30年后，大清帝国在一场海战中惨败给了"蕞尔岛国"日本。战争的胜负彻底改变了一切，也让江南制造总局这个中国最早、规模最大的官办军工企业蒙上了一层挥之不去的阴影。

然而，中国近代军工科研与生产的事业并没有因为输掉一场战争而终结。徐建寅，这个从小就跟随父亲研习军工、17岁进安庆军械所研发

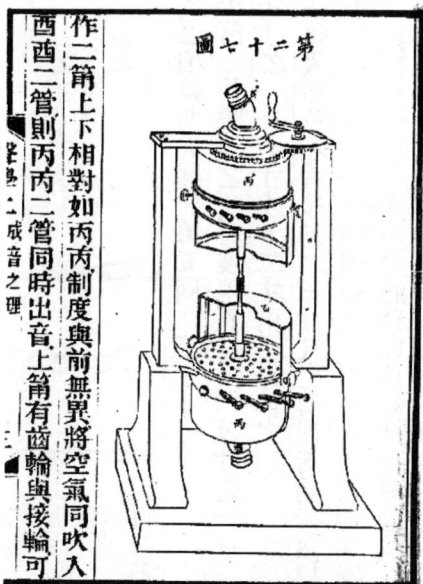

◎《声学》八卷，英人田大里著，傅兰雅口译，徐建寅笔述，1874年江南制造局刻本。

武器的中年科学家，1900 年，应张之洞之邀到湖北汉阳钢药厂，几个月后就研制成功我国自行生产的第一代无烟火药，可惜，在科研事故中英年早逝……

1918 年，江南制造总局接下了中国第一张国外造船订单：为美国造 4 艘载重型运输舰。两年后，万吨巨轮下水赴美。期间，国际舆论报道称"除日本不计外，乃为远东从来所造最大之船"。

在全球化的今天，"江南制造总局"这个熠熠生辉的名字，仍照亮着"新江南"，成为 21 世纪中国的"世界船坞"，并从"中国制造"走向"中国创造"，正孜孜不倦地探求着中国的强国复兴之梦……

化學一
四

第十一節 作滴水管如第七圖將玻璃管稍厚者長約八寸在一端二寸許以燈火內層燒之不可發煙致變黑色旋轉使周圍皆熱至頓緩緩引長如第八圖之所折之處入彎熱之頓緩磋一痕而折之吹火之外層鎔使光圓再將彼端在吹火作侈口且鎔而圓之以便指按

端以吹火鎔之使光圓而無鋒若管體厚者必使緩冷不可平置於冷面宜用頓物墊起蓋紙數層否則稍遇熱而自裂

第十節 作彎管之法將玻璃管徑約四分寸之一或三分寸之一長十寸或十二寸兩手斜執之以欲彎之處在燈火加熱左右移動二三寸且旋轉使周圍皆熱見已頓則緩曲之如第六圖若加熱過大用力過猛則成矩曲而易斷其二之至稍鎔則光圓如第五圖

緩緩一折而斷其斷處再吹熱

◎《化学分原》，蒲陆山著，傅兰雅口译，徐建寅笔述。

武备学堂

——李鸿章创办第一所陆军军官学校

近年来，德国联邦国防军掀起了一轮改革浪潮，其中一大亮点就是十年裁军计划，为冷战最终画上句号。但别以为德国人裁军是在削减军事实力，恰恰相反，改革的重中之重在于提升军事人员素质和更新技术装备。取消公民义务兵役制其实质是"拿质量换数量"。

100多年前的晚清向西方学习军事、启动军事近代化，改革首选的样本就是德国。那么，德国这块"他山之石"搬到中国来真的能"攻玉"吗？在向德国学习的过程中又遭遇到哪些"水土不服"呢？

1885年，时任直隶总督兼北洋大臣的李鸿章，在天津创办了中国近代第一所培养军事人才的陆军军官学校——天津武备学堂。

天津武备学堂聘德国军事专家司密特、艾德、奇开芬等人任教习，采用德国教学方法，注重实际演练和考核。每日洋教官用德语授课，学生靠翻译听讲。学堂考试制度严格，每逢大考，李鸿章就派高级别的主考官前往监考。有时他自己也抽空前往巡视，发现优秀人才或破格录用，派到军营直接任职；或派往西方国家军事学院深造。1889年，成绩优异者段祺瑞、商德全等5名学生脱颖而出，被派往德国留学。

◎ 1896 年，李鸿章（左坐者）访问英国时游览大湖区，站在他身后的是义子李经芳，曾任驻英参赞（戴黑帽者）。

武备学堂最大的教学特色就是建有自己的实习基地，这在当时是绝无仅有的。那么，在当时条件相对简陋的军校里能建怎样的实习基地呢？

李鸿章专门派出天津练军一个营，模仿战争状态下的城池，在校园外修筑方型城墙，既建有女儿墙作为拱卫屏障，又建四通八达的通道以作兵力调遣转移之用。

在面向海河的一边，构筑两座炮台，炮台之下建有地下室，用于贮藏弹药辎重。城门建有吊桥，城内引水建成人工湖，作为练习架设浮桥之用。还有打靶场、大操场、小操场、修械室、杂物库及体育设施，一应俱全，平时训练学员，战时以备迎敌。

有意思的是，天津武备学堂不仅开设了基本战术、步兵操典、沟垒学、弹道学，还要学习孙子兵法、管子兵法，而且国文、算术、几何、三角、代数等文化课应有尽有。另有18人学习氢气球及修理军械。李鸿章隔三五日到武备学堂视察，观看演练筑垒、操炮技术和步、马、炮、工各队攻守战法，检验学员所学军事知识。

除了军事教学外，武备学堂还兼顾学术型与应用型学科研究实践，鼓励创新。对数学有着浓厚兴趣的算学总教习卢木斋写成《火器真诀释例》一书。从他开始，武备学堂非常重视数学，连著名数学家华蘅芳也来应聘教员。这期间，他研究自制成了中国第一个氢气球。1890年始，武备学堂开设铁路课，从德国克虏伯兵工厂请来工程师为学员授课，这为20世纪初中国铁路发展培养了一批技术骨干力量。

天津武备学堂培养出一批通晓西方"行军制胜之方"的军事干部，为20世纪初清政府编练新式陆军提供了一批"种子人才"。培养出的数百名学员，后来大都成了新军骨干及北洋政治军事集团的重要成员。十多年后，武备学堂的毕业生长期掌控着中国北方的军事力量，成为北洋政府的主要组成部分。

◎李鸿章在纽约的肖像，由来自费城的摄影师吉尔伯特拍摄。

◎由美国钞票公司雕刻家查尔斯·斯金纳为李鸿章制作的画像。

外国人眼中的李中堂大人

◎李鸿章 1896 年访问美国，受到媒体欢迎。

◎迈耶·亨利作于 1896 年的李鸿章漫画像。

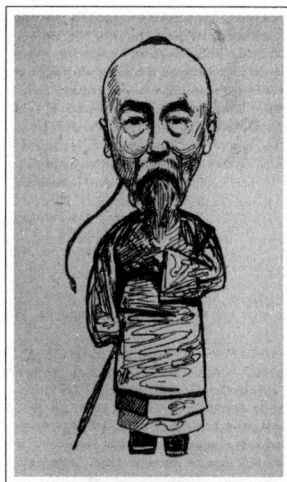

◎ 1910 年西方报刊漫画版的李鸿章形象。

◎西方漫画中，出现在中国上海的
第一次空中飞行。

后来成立的北洋新军，在很大程度上吸取了淮军装备更新的经验教训，其中一些军队前身就是原来的淮军。军事改革击中了绿营弊端，从兵制到武器、从前方到后方、从训练到战备、从将领到士兵、从战略到战术，全方位使绿营八旗的旧军队踏上近代化之路，李鸿章为之付出呕心沥血的努力。但在戊戌变法之后清廷全力恢复旧制的大背景下，推行以效仿西方为主的军事变革何其难也！

尽管如此，李鸿章利用他的资源与影响，悄悄地在沿海各地践行他的海防战略思想。李鸿章坚持其口岸防御的战略方针，致力于沿海炮台的建设。他首先恢复了大沽口、北塘及山海关炮台，添置重炮，加固古垒，驻以重兵。

李鸿章改革军事的主张，主要体现了防御性国防策略思想。他曾说："我之造船，本无驰骋域外之意，不过以守疆土、保和局而已。""守疆土、保和局"是李鸿章海防战略思想的核心内容。具体实施上，就是对一些主要口岸实施重点防御。

李鸿章申请巨款修筑了旅顺黄金山、椅子山等炮台和威海卫南北帮炮台及刘公岛炮台，还有与山东巡抚一起修筑了烟台东西两炮台。同时，他命令驻江苏沿江的淮军修筑长江沿江各主要炮台，加强沿海的防御能力。这些都具体体现了李鸿章"御日本之道利用刚"的海防战略思想。

李鸿章发展海军，改革旧式军队，不仅要与顽固的保守派较量，有时还得面对世俗偏见的纷扰。后世研究者发现大清朝海军有个潜规则：姓"陈"的不许上舰，因为与"沉"字谐音。事实果真如此吗？

在中法马江海战中，福星舰舰长就是福州船政学堂毕业生陈英。战事危急时刻，陈英毅然指挥福星舰砍断锚链，冲向法舰。这位舰长大声疾呼："大丈夫食君之禄，宜以死报，今日之事，有进无退。"陈英不幸中炮身亡后，福星舰虽伤亡惨重，仍冲锋在前，绝不撤退。最后在法舰鱼雷的攻击下，"福星"号爆炸沉没……

但在北洋水师中，确实少有姓陈的舰长。"林"姓成为北洋水师将帅中的大姓，取双林托举水中之舟的意思。如林泰曾（镇远管带）、林永升（经远管带）、林履中（扬威管带）、林国祥（广乙管带）、林颖启（威远管带）等。

特别值得一提是，民国时期的海军少将林遵，不仅是海上抗日猛将，而且曾于1946年率领太平、永兴等舰开赴南海，收复西沙、南沙群岛。北洋舰长姓氏之说，固然是八卦，但反映了当时迷信愚昧的世俗心态。

专家认为，李鸿章倡导改良装备和教育训练等一系列较为完善的、系统的军事改革活动，为19世纪中叶中国军事带来了深刻的变化。他的改革主张中有一部分是体现进攻性的，比如说倾其财力物力发展水师，就是以主动应对变局、抵御外侮作为出发点的。李鸿章，是当之无愧的中国军事近代化的奠基者。

蛟龙摇篮
——海军学院终极"直把昆明换渤海"黑色幽默

100 多年来，谈到甲午战败的悲怆史，人们都会把"直把昆明换渤海"当作谈资笑料。现在看来，小小的昆明湖用来训练帝国海军，确实是个"黑色幽默"。可在当时，却并不完全如后世所传，是慈禧挪用了海军经费修颐和园，昆明湖训练海军是块"遮羞布"。因为从乾隆时期起，昆明湖就是用来演练水师的水域。醇亲王奕譞统领海军衙门总得找点事做，于是，捡了条外国人送慈禧的轮船在皇家园林像模像样地训练起海军来了。

皇家海军学校正式成立，美其名"昆明湖水师学堂"。可真正成为北洋海军将帅摇篮的是早在它之前就开办的 6 所海军学院。其中最出名的是要数福建船政学堂和天津水师学堂。那么，这两所海军学院是如何担当起中国近代海军启蒙老师的角色的呢？

鸦片战争后，林则徐、魏源倡导"师夷长技以制夷"，自然科学和军事技术受到前所未有的重视，新式军事院校应运而生。1866 年，福建总督左宗棠与船政大臣沈葆桢一起在福建马尾主持创办了福建船政学堂，成为清末设立最早的海军学校。

首批报考学生中，考试第一名的是福建侯官人严宗光，后改名严复。后来，他成为学堂的佼佼者，毕业后到英国皇家海军学院深造。当时，船政学堂既有制造专业和设计专业，又有驾驶专业和管轮专业。船政学

◎ 1888 年，醇亲王奕譞 (1840–1891)（左），慈禧的妹夫，光绪皇帝的生父。

◎醇亲王奕譞与其子载洵和载沣。

堂的学风极为严谨，为了让学生们得到实战训练，学堂专门制造和购买了数艘教练船。

1871年，船政学堂的学生驾驶练船"建威"号完成了北起辽东、南至新加坡的远洋训练。1877年，船政首派留学生赴英、法等国学习。从船政学堂走出的刘步蟾、邓世昌、严复、叶富、罗丰禄、林永升、林泰曾、叶祖珪、萨镇冰、詹天佑等在血与火的洗练中成为爱国志士，李鸿章盛赞船政学堂为"开山之祖"。

到了1884年，本应是海军教育发展的大好时机，可沈葆桢被调离船政局，使船政学堂的管理大不如前。此间，船政大臣张佩纶指出，现时的船政学堂与沈葆桢创校时已不可同日而语，学风日下，学员懈怠……作为中国第一所海军学校，船政学堂竟要向开办才三年的天津水师学堂学习，可见松弛混乱已很严重。

沈葆桢主持福州船政期间，非常务实勤勉，他非常重视培养学员动脑动手能力与技术上的精益求精，被誉为"能尽其实"。但是，当时不少学员，其中包括有过国外学习经历的学员，往往受"君子动口不动手"传统观念的影响，很难做到亲自动手。相比之下，日本派出留学生到西欧国家学习技术，尤其是派到德国的学生，除了学习军事、法律外，还将德国人制作啤酒、纸币和地毯等的技术顺带学了回来，动手能力极强。

那么，换帅换坏风气的船政学堂要向天津水师学堂学习，天津水师学堂有什么可学的呢？

天津水师学堂是最早将军事化训练用于教育的学校。李鸿章于1880年上奏朝廷建立水师学堂。1881年学堂建成，1881年7月开始招收学生，学制为五年。水师学堂"楼台掩映，花木参差，藏修游息之所，无一不备，另有观星台一座，以备学习天文者登高测望"。这样的办学条件在当时的中国可以称得上是一流的。

为了吸引有志青年报考水师学堂，李鸿章舍得下本钱，每月发给学生4块银圆，这对很多家境贫寒的学子来说，是笔可观的补贴。李鸿章还为学堂做起了广告："今日之学生，即他日之将佐。投考该学堂，将

◎ 1905 年，福州船政大臣沈葆桢 (1820–1879)。美国摄影师爱德华·邦斯摄。

◎唐绍仪 (1862–1938)，李鸿章提携的留美派，曾任驻朝鲜总领事、清末南北议和北方代表、民国第一任内阁总理等。

会有远大之前程"。

1881 年学堂设立之初，李鸿章聘任刚从英国格林尼茨海军大学留学归来的严复为洋文正教习。那年严复 28 岁。严复的到来，给北洋水师学堂带来了西方现代海军管理理念，让学员们耳目一新。由于他认真负责、管理有方，由教务长、副校长，一直当到了校长，一干就是近二十年。

天津水师学堂坚持系统教育的教学模式，正是张伯苓日后在南开大力推行的"三育并进"的思想来源。水师学堂所设立的课程除了枪炮、轮机、驾驶、电报等专业课程外，学生还必须修习英文、数学、化学、物理、地理、天文、体育等课程。除此，学校还坚持大量使用外国教官授课。

1881 年，第三批留美幼童中的学员唐绍仪被召回国，进入天津水师附设的洋务学堂读书，深得李鸿章的赏识。李鸿章任两广总督时，唐绍仪曾在总督府协助其处理政务。有一天，李鸿章收到上谕，要他毁掉康有为、梁启超两家的祖坟。李问唐绍仪如何处理，唐绍仪不假思索道："若株连及党人祖坟，似太残忍，尤碍各国观瞻，还请师傅三思。"

这样的回答令李鸿章大吃一惊，随后大声怒斥道："你好大胆子，竟敢违抗圣旨，不怕我治你大不敬的罪？！"唐绍仪闻后赶紧收拾行囊准备迅速离开总督府。李鸿章暗中叫人留住唐绍仪，晚上一起吃饭，李鸿章说："你当众人的面批评谕旨，我岂能不阻止你？其实让我毁康梁祖坟，也是勉为其难啊！"后来，李鸿章命人铲除了一些无主坟墓，向朝廷交了差。

后来，唐绍仪在李鸿章和袁世凯的一手提携下，任驻朝鲜总领事、清末南北议和北方代表、民国第一任内阁总理等，为争取中国主权、外交权益及推进民主共和做出了重要贡献。

就在沈葆桢离开船政局的 1884 年，美国安纳波利斯海军学院毕生生马吉芬不远万里，投奔了中国海军。马吉芬向李鸿章呈送上求职信，经过严格的考试后，成为天津水师学堂的外籍教习，也是唯一能教授船舶驾驶和枪炮使用的教员。

马吉芬还负责传授领航和航海天文学知识等。甲午海战中有很多军官都是他的学生。马吉芬亲历黄海海战，任"镇远"号战列舰的帮带，身负重伤，得到大清帝国顶戴花翎和三等第一级宝星勋章的嘉奖。他此后回国疗伤，饮弹自尽。

天津水师学堂被人推崇为"实开北方风气之先，立中国兵舰之本"。作为一所新式海军学校，20 年间为社会培养了许多人才，如民国大总统黎元洪、南开大学校长张伯苓，以及北洋大学教务提调王劭廉、著名翻译家伍光建等。

1900 年八国联军侵入天津，李鸿章、严复等倾注了几十年心血的北洋水师学堂毁于炮火之中。

回到 1884 年，此年 10 月 6 日，美国海军部长威廉·E·钱德勒签署了一道命令，决定在罗德岛新港的一所贫民院里，建立美国海军军事学院。这一时期，美国海军力量位居世界第 12 位，排在丹麦、中国、智利之后。

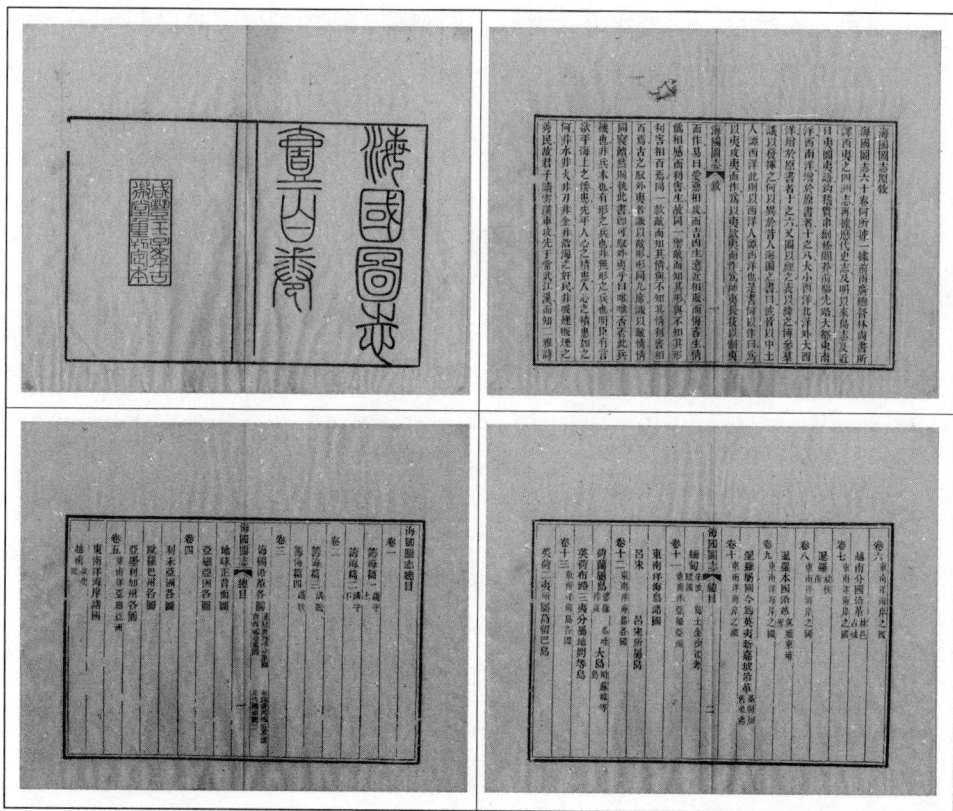

◎《海国图志》书影。

第一学年结束时，这所因陋就简的学院全部家当只有一张特拉法尔加角海战图、4张借来的课桌和12把椅子。后来出生于西点军校教授楼、曾任炮舰舰长的马汉出任院长，坚持边教学边从事海军战略研究，将他的讲义修订成《海权对历史的影响》一书，确立了美国海军发展的基本理论，赢得了美国政府的大力支持，使美国海军教育如虎添翼。如今，美国海军军事学院已成为世界上最著名的海军院校之一。

巧合的1884似乎带给人们一个启示，军事学院谁来掌印执教，决定军事教育大计的成败。然而，更重要的在于一个国家与全社会要有强军意识。

北洋水师
—— 曾是亚洲第一世界第七的海军劲旅

明治维新后，日本启动海军改革。日本海军曾将中国海军作为样本，以提升舰队航速与火炮的战斗力。主持海军改革的日本第一位海军元帅是西乡从道，人称"原来如此大臣"。西乡半路出家，视察舰艇时总是说："原来如此"。诸多下属非常担忧，西乡对他们说："有你们懂就行了，我只管要钱、要权。"下属这才放心："原来如此"。到甲午战争前，日本海军实力已在北洋舰队之上。

晚清军事变革，要建立一支像模像样的海军，谁来向朝廷要钱要权呢？这个人便是李鸿章。李鸿章作为第一个系统提出从海防角度防范日本及其他西方列强的晚清重臣，又从何入手建立中国第一支海军呢？

面对越来越吃紧的海防困局，李鸿章第一个递上奏折，全面地提出了积极主动的海防战略。他另辟蹊径地提出"以路防海"——"火车铁路，屯兵于旁，闻警驰援，可以一日千数百里，则统帅当不至于误事……"而反对派的理由则非常荒唐："开铁路，山川之灵不安，即旱潦之灾易召。"

从近代列强的炮舰政策中，李鸿章深切感受到拥有一支近代化海军的重要性与紧迫性，建立一支强大的海军，是李鸿章一生孜孜以求并持之以恒的理想。李鸿章是中国近代第一个提出海防比陆防重要的人，他还不停地向清廷呼吁，赶快筹措经费，建立海军，以加强海防。

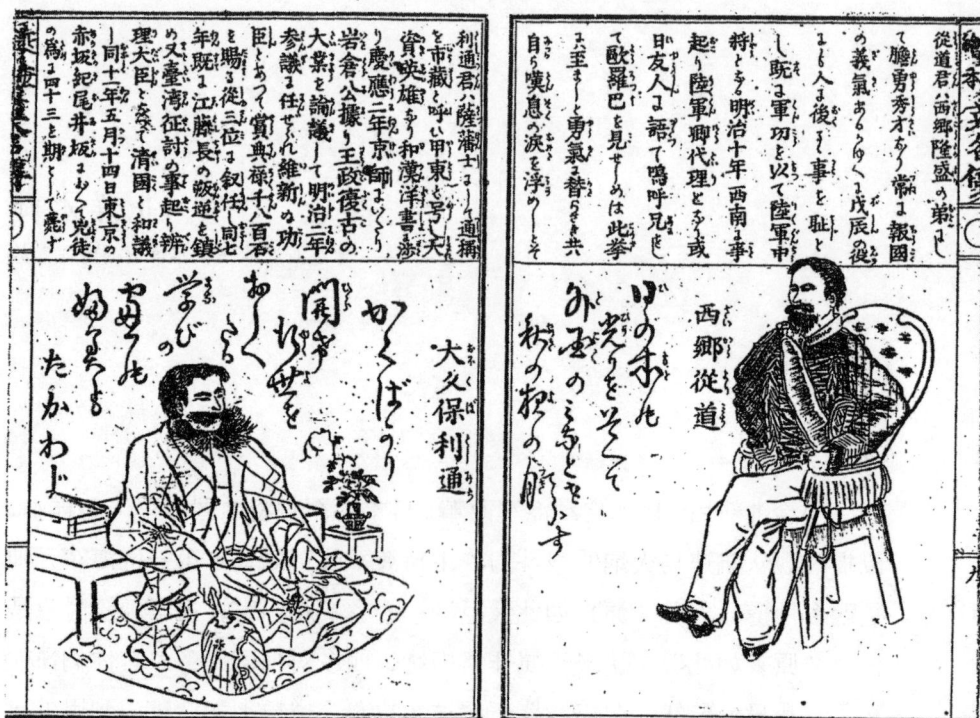

◎日本明治维新的"铁血宰相"大久保利通 (1830–1878) 与第一位海军元帅西乡从道 (1843–1902)。

　　李鸿章在海军建设上则显得相当激进，他说"海上如有水军一支，胜于陆勇万人"。李鸿章看上了铁甲舰和新式快船。建议淘汰旧式笨船，速购铁甲船。中国购买先进军舰不差钱，让西方国家笑眯了眼。"铁血宰相"俾斯麦就曾令德国伏尔铿造船厂，一定要"卓越而准时地完成同中国的购舰贸易"。

　　1880 年初，英国有意转让土耳其建造的两艘铁甲舰，李鸿章如获至宝。为了让朝廷立马掏银子，他急切地说："机会一失，中国永无购铁甲之日，即永无自强之日"。

李鸿章一手打造的北洋水师，作为一支新生的海防力量崭露头角。1881 年 10 月，中国向英国订购的轻型巡洋舰"超勇"、"扬威"抵北洋后，李鸿章便开始在东北亚实施海上威慑。他还专门派人常驻国外继续寻购更大级别铁甲舰。

1882 年 7 月，朝鲜发生"壬午之变"，李鸿章派丁汝昌率"威远"、"超勇"、"扬威"编队与广东水师战船运兵赴朝，与日本兵船形成对峙，平息了事变。1884 年朝鲜发生"甲申政变"，北洋舰队快速反应开赴朝鲜，再次平息政变，一举粉碎了日本颠覆朝鲜的图谋。

在中国近代上，李鸿章之前的有识之士提出的海防思想，重点在改善水师与岸炮的质量上。从李鸿章起，海防思想的重点是将海防提升到战略位置，并且提升到建立一支强大的海军上。这样的目标能实现吗？

1885 年中法战争爆发。中国舰队在福建海面的马江与海军世界排名第二的法国海军短兵相接，不到一个小时，就被击沉数艘舰船。消息传来，朝野震惊。同年 9 月 23 日慈禧太后发布懿旨，要求军机大臣、总理各国事务衙门大臣及醇亲王等，主持各省督抚和诸大臣商讨建立海军一事。与十年前"海防大讨论"不同的是，

清军水师训练图

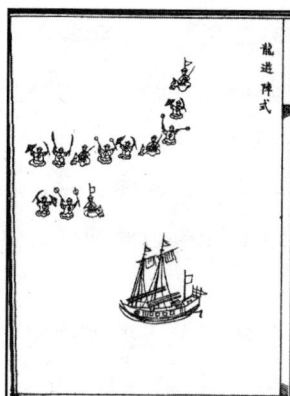

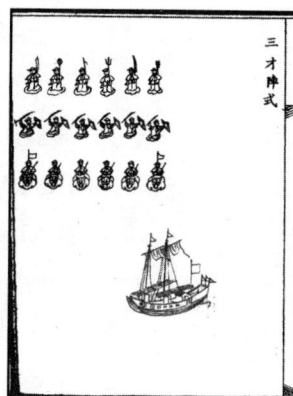

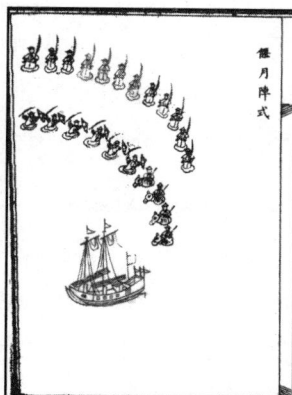

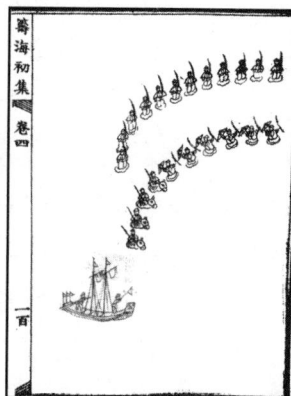

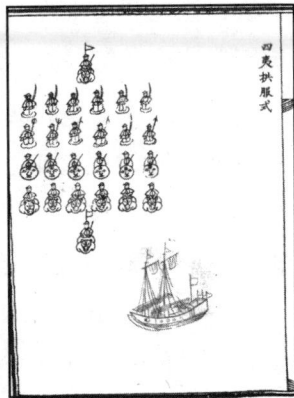

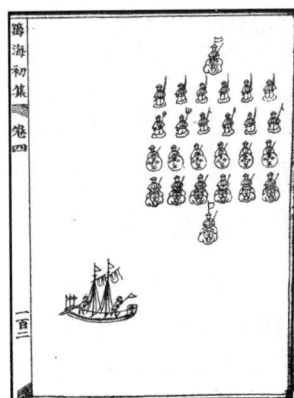

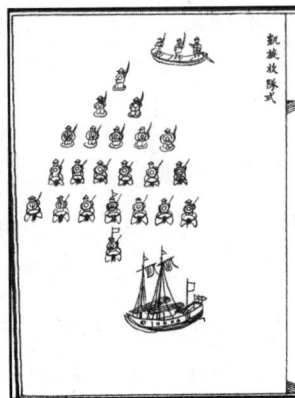

《筹海初集》插图。关天培著，清道光间刻本。本书内容为晚清著名爱国名将、民族英雄关天培办理广东海防的奏稿、书稿、告示、制度、图式等，当时是为了让官兵学习。我们遴选几幅，以便与甲午战争中的北洋水师做个对照。

鸦片战争之后，清朝大力发展海防，直隶总督、北洋大臣李鸿章于1875年，创设北洋水师，通过总税务司赫德在英国订造四艘炮船，开始清朝海军向国外购军舰的历史。1879年，向英国订造巡洋舰扬威、超勇。1880年，经过反复比较向德国船厂订造铁甲舰定远、镇远。1881年，先后选定在旅顺和威海两地修建海军基地。1885年，海军衙门成立，李鸿章遣驻外公使分别向英国、德国订造巡洋舰致远、靖远与经远、来远。1888年12月17日，北洋水师正式宣告成立并于同日颁布施行《北洋水师章程》。从此，近代中国正式拥有了一支在当时堪称世界第七、亚洲第一的海军舰队。但是，后来舰队经费大幅减少，甲午战争爆发时北洋舰队原有的战舰已开始落伍，无论航速、射速皆落后于日本。

在黄海之战中，北洋舰队的统帅为丁汝昌，共有军舰十艘，附属舰八艘。战斗一开始，北洋舰队旗舰"定远"舰主炮炮塔起火，丁汝昌烧伤，但其仍坚持坐在甲板上督战。但是由于信旗被毁，整个舰队无法统一指挥。很快，北洋舰队右翼"超勇"、"扬威"二舰相继被击中起火，退出战斗。"超勇"沉没。北洋舰队的"定远"、"来远"、"经远"重创日本"比睿"、"赤城"。"赤城"舰长坂元八太郎阵亡。北洋"致远"舰起火，管带邓世昌毅然全速撞向日本主力舰"吉野"号右舷，失败，全舰官兵阵亡。北洋"经远"舰继续迎战"吉野"，也中弹起火，管带林永升、大副陈策阵亡，舰沉。"济远"管带方伯谦、"广甲"管带吴敬荣临阵脱逃（方伯谦等是否临阵脱逃，近年有不同看法）。"靖远"、"来远"因中弹过多，退出战斗，抢修后，此两舰又投入战斗，日本撤军。此役北洋水师并未完全战败，然而李鸿章为了保存实力，命令北洋舰队躲入威海港内，不准巡海迎敌，从而使日本夺取了黄海的制海权。

甲午战争失败后，清廷派李鸿章为头等全权大臣，带着美国前任国务卿科士达为顾问，前往日本马关（今下关）与日本首相伊藤博文、外务大臣陆奥光宗进行谈判，签订了丧权辱国的《马关条约》。

这次讨论主要集中于为建立帝国海军出主意想办法上，全国上下对"建海军"这个"第一要务"的赞同表现出惊人的一致。

主持这项工作的就是北洋通商大臣李鸿章。在短短的 3 年内，李鸿章就把海军建立起来了，使当时的中国步入了世界海军强国之列。他力主成立海军核心领导机关，中国历史上第一个全国性的海军领导机构——海军衙门应运而生。

1888 年颁布的《北洋海军章程》是中国第一个海军条令，有些规定到今天也没有过时。如海军舰艇官兵不得到岸上住宿，只能在舰艇上居住，又如规定无论指挥官和技术官，都必须从正规的军校毕业并经过专业学习与训练才能担任，不经军事院校培训，就不能任军官。这在中国军事史上史无前例。

原来李鸿章担心海军出海比陆军要辛苦，可能会有人怕吃苦不愿当海军。但谁也没有想到，北洋海军成立不久，许多绿营兵，甚至八旗子弟，纷纷"走后门"，要求到北洋当兵。这其中有怎样的玄机呢？

北洋海军不同于绿营，门槛要高许多。要求士兵不仅要有文化底子，有良好的水性，而且还需懂得舰艇知识。舰艇上专业技术兵多达几十种，诸如旗兵、油兵、鱼雷兵、锅炉兵、油漆兵等。为了吸引各种人才到北洋海军中当兵，李鸿章决定实行"高薪制"。

北洋海军的薪水制度将军官的年俸分为两部分，一部分是"年俸"，即基本工资；一部分是"船俸"，即岗位津贴。尾大头小，津贴高于基本工资。海军管带、提督、总兵等中高级军官的薪酬平均是绿营同级军官的三倍。而且，用于舰艇维护的各种费用繁多，海军军官支配空间很大，有油水可捞。所以，时人头削尖了要到北洋舰队当兵。

1888 年 10 月 7 日，北洋海军正式建立。北洋海军成军后，每年夏秋之间，则驻防操演，巡弋辽东、高丽一带，或率两三舰，往日本口岸，冬春则巡南洋群岛。在北至朝鲜、日本东海岸及海参崴海域，南至香港、新加坡、越南及菲律宾等周边海域进行远洋训练、舰队出访等活动，大大拓展了海上战略触角。

李鸿章掌管海军大权，考虑到不能让人看出来独揽大权、有功高盖主之嫌，便三番五次打报告，请光绪他爹——醇亲王来当海军的头。结果，关系理顺了，李鸿章就放心大胆地把海军牢牢地抓在自己手里。有人评论说，李鸿章还是实际上的海军司令，醇亲王只不过伙着慈禧太后常来刷一下海军的信用卡而已。

甲午战败绝非偶然，仅从军费的捉襟见肘上就可见端倪。本可以让北洋水师成为当时亚洲海军第一劲旅的军费去哪儿了呢？清政府每年海军经费预算400万两白银，却从未全部兑现过。每年海军实际得到经费不足100万两，且逐年减少。在同一时期，光绪帝大婚花费白银550万两，足以购买三艘定远级铁甲舰。虽然慈禧没有直接挪用海军军费，但国难当头，慈禧的"万寿庆典"竟花了500万两。此外，各地督抚认捐颐和园筹款踊跃，而北洋水师每次打报告要钱得到的答复都是"财政困难"。

更为令人不解的是，1891年，时任户部尚书、光绪帝老师翁同龢看到海军花钱如流水着实心疼，上书奏请"暂停南北洋购买外洋枪炮、船只、机器两年"，竟很快得到批准，这横插的一杠子直接就给中国第一代海军断了炊。

甲午战败后，此事一直折磨着翁同龢。他曾为此深感愧疚，在日记中写下了"覆水难收，聚铁铸错，穷天地不塞此恨也"的悔恨之言。翁同龢临终前留下遗诗一首："六十年中事，伤心到盖棺；不将两行泪，轻向汝曹弹。"不知这位曾担任两代帝师的晚清重臣，最终选择罢官隐居老家，除了对帝国前途的彻底绝望外，临终的怨恨是否也包括他自己曾阻挠发展海军的痛心疾首？

组建一支近代化的海军是李鸿章的"大手笔"。北洋海军共有军舰25艘。其中有"定远"、"镇远"2艘铁甲舰，"致远"、"来远"、"济远"等7艘巡洋舰，以及其他辅助舰艇。舰队总排水量为4万吨。北洋海军还建设了旅顺、威海两个近代化海军基地，而且这支中国历史上的第一支海军一诞生，就是亚洲海军第一、世界海军第七。但是，至1894年甲午战争爆发时北洋舰队已多年未置新舰，设备年久失修，更换新式火炮也成泡影。原有的战舰已开始落伍，无论航速、射速皆落后于日本。

看来，日本海军元帅西乡所说的"要钱要权"比精通专业更为重要，确有道理。有人说，大把花钱不一定能买来海军的战斗力，但没钱可花的北洋海军肯定不会有乘风破浪的战斗力。当然，战败的原因不止于缺钱，前车之鉴至今仍需反思汲取。

黄海之战

—— 世界上第一次现代化大规模海战

世界上第一次现代化大规模海战，并不是在英美等传统欧洲海上强国之间爆发的，而是发生在 1894 年的东方，交战双方为明治天皇时期的日本和当时的满清政府。中国称之为"甲午战争"，日本则名曰"日清战争"。

1894 年 9 月 17 日 12 时 50 分，黄海战场上舰船林立，炮声隆隆，硝烟弥漫，北洋水师和日本舰队，各率本国海上最强的军事力量，在此决战。

这场发生于中国黄海海域的大规模海战，立即成为全世界的关注焦点，引发了西方海洋军事强国的集体围观，纷纷派遣军事观察员。为何两个偏远的东亚国家海战，会受到西方国家的强烈关注呢？

中日双方当时都没有意识到，他们正在进行的是人类有史以来的第一次最大规模的现代化海上战役。

为什么是最大规模的现代化海上战役呢？这要从这场战争的诸多个第一次说起：

甲午海战第一次使用了现代的爆炸性的炸弹；

电报第一次在战场上使用；

火车第一次被用来运送补给和增援；

战场上第一次出现了战地记者；

◎北洋水师镇远号，摄于 1894 年之前。

记者第一次用摄影术来记载战争；

而且，在此次海战中，第一次使用了蒸汽驱动的铁甲船。这种船全部是用最先进的铁皮做外壳，而非以往老旧的木壳舰。这种铁甲船排水量数千吨，配有各种火炮。双方主力军舰各有 12 艘。

这场战争对于中日双方都是箭在弦上，不得不发。双方为这一仗都准备了近十年的时间，最终以北洋水师惨败宣告结束。

百年后的今天，仍有很多人认为北洋水师占据军事优势，却输掉了一场不该输的战争，事实是这样吗？

我们先来看看北洋水师的军事实力：

1886 年，北洋水师"定远"号、"镇远"号访问日本东京。日本海军大臣西乡从道、陆军参谋次长川上操六、陆军情报将领荒尾精等日方军事高官都前往一看究竟。看到这两艘 7000 吨级铁甲战舰，这群野心勃勃的日军高官们红眼了，都觉得日本必须迎头赶上大清帝国。西乡当即就挥舞起了拳头："我们也要拥有这样的战舰！"停顿了一下，他又补了一句："连他们这两艘也要！"

自 1875 年李鸿章担任北洋大臣开始，清政府每年拿出财政收入的 5%，400 万两白银作为海军军费，陆续购买了世界上最大的铁甲舰、巡洋舰、炮舰等，打造出亚洲第一、世界第七的海军力量，甚至超过同时期的美国。但甲午海战前夕，北洋舰队已经八九年没有添置新的战舰了。事实上，自北洋海军1888年成军后，除从福州船政局调来了"平远"号钢甲兵轮外，北洋舰队就再没有添购任何舰只。到了1891年，清廷更是要求北洋舰队在两年内停止向外洋购买枪炮、船只及器械。这对于北洋舰队来说无疑是致命打击。甲午战争爆发前夕，据李鸿章称："中国自十四年（1888年）北洋海军开办以后，迄今未添一船，仅能就现有二十余艘勤加训练，窃虑后难为继。"

反观日本，明治天皇为实现强国梦，奉行军国主义体制。自明治18年（1885年）始，日本开启了10年军备计划，实施了8次《扩充军备案》，自1890年起用国家岁入的60%来发展军队，1893年起每年从宫廷经费中拨出30万元，加上官员薪金的十分之一，作为海军军费。甲午战前日本每年都会耗巨资购买最先进的军舰。

至甲午战前，日本的海军兵力已有各种类型军舰31艘，鱼雷艇24艘，合计55艘，总排水量63373吨。同时尚有6艘军舰（33330吨）及2艘鱼雷艇（165吨）正在制造中。而当时北洋舰队的军舰25艘，鱼雷艇12艘，计约4万吨，如再加上广东及南洋各舰队之兵船，数量才大抵与日本吨位相等。

　　另外，黄海海战中，北洋水师装备火炮共计195门，日方268门，双方主炮均为30门，但是日方有9门速射炮，北洋水师却没有，实际火力，日方是北洋水师的三倍。主力舰航速，北洋水师最快为18节，日方最快为28节。日方投入兵力约为北洋水师一倍。

　　由此可见，日方无论从舰船质量、装备，还是兵力投入、战斗素质，都比北洋水师要高出许多。

　　而仅在7年以前，北洋水师刚成立时，还是亚洲第一，远超日本。究竟是什么原因，使日本海军在短短的7年里迅速发展，称雄亚洲呢？

　　首先，清帝国洋务运动初见成效，得意轻敌，放松了军备意识，以致仅改良了武器装备，编制、管理等还沿用旧习，缺乏系统训练，战斗力低下。二是海军成立后便不再购买军舰，甚至后来停止购买弹药。日本那边却始终以"赶超中国"为奋斗目标，天皇坚持每天只吃一餐饭，日本商家、贵族受到激励，纷纷捐款，购买了世界上最先进的快速巡洋

◎试航中的致远号。

舰吉野号。同时日本大力发展海军学校，到甲午海战前，已能自主培养各类基础人才，甚至可以自主建造船舰。

其次，在购买军舰、枪炮等硬件时，中日两国也分出了高低。如1891年，英国同时向中日两国推销装甲牢固、主炮口径巨大、配有最先进快速炮、火力迅猛的快速巡洋舰，就是后来在甲午海战中起到决定作用的日军主力舰吉野号。据说当时因清政府拿不出钱，被日本购得。难道真的是清朝昏聩，大战临前还舍不得花钱买军舰吗？

实际上当时清政府计划购买的是，智利海军建造的布兰科·恩卡拉达号。该舰火力和装甲都超过日本"吉野"号，可谓"中日海战，孰得孰胜"。日本方面极力争购，以阻挠李鸿章与智利接洽购买此舰。因此智利坐地起价，后日本又通过其他手段，最终导致无论中方出多少钱都不再出售。

除了船舰、火炮等硬件设施，在士兵训练素质方面，双方又是如何呢？在黄海海战时，双方相隔五千多米，北洋水师旗舰定远号管带刘步蟾，指挥向日舰发射第一炮，但是没有打着。而日本松岛舰第一炮，就摧毁了定远舰的主炮炮塔，信旗被毁，致使整个北洋水师失去统一指挥。四艘北洋快艇都曾靠近日本"西京丸号"，连放3发鱼雷，但均未命中。而日军围攻刘公岛海军基地时，仅使用十多艘鱼雷艇偷袭，就炸沉了北洋两艘军舰。

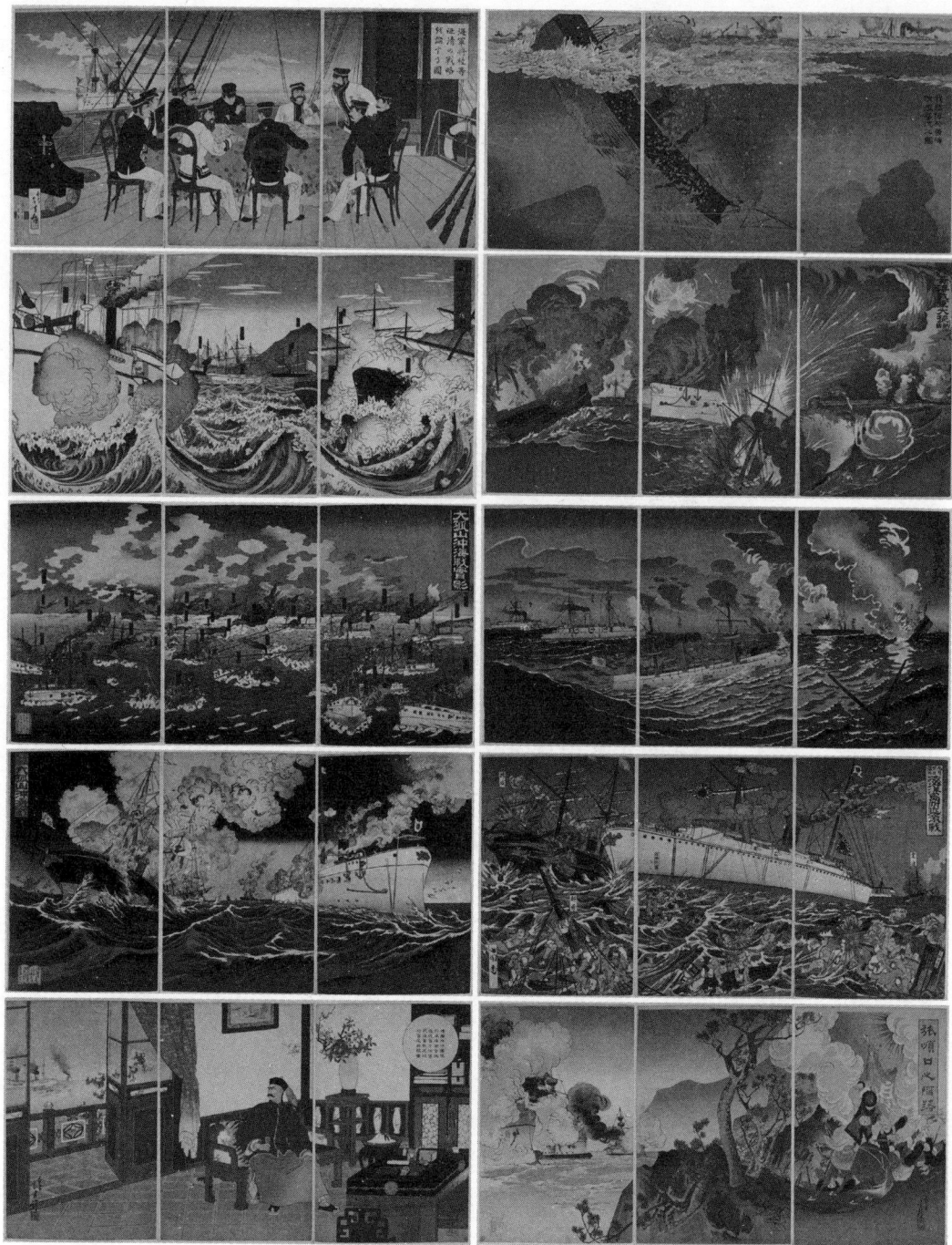

◎日本人制作的日清战争锦绘图集。

日本倾全国之力来装备军队，在弹药使用方面非常精准细致。海战中没有随意丢弃弹壳，而是码放整齐，上岸后交予上级。日军长官逐个清点、询问，炮弹是否进行了有效攻击。因为日海军对于士兵的军事素质、战术素养要求严格，所以培养出非常优秀的海军。

当然，导致清朝海军败北的原因还有很多，如清廷怎么也没想到，日本竟然还有专门刺探大清国的情报组织"乐善堂"、"玄洋社"。据日本《东亚先觉志士记传》记载，甲午战争前夕，日本间谍曾在中国刺探情报，发展特务，主要拉拢六类中国人：第一类是有志于改良国政的知识分子；第二类是有志于振兴工农业、军备的官员；第三类是名门望族之后；第四类是乐施好善的长者；第五类是打抱不平的侠客；第六类则是与日本商人有往来的富商。

日本间谍之王荒尾精认为，制度障碍是清廷失败的重要原因。他在著作《对清意见》中写道："清在各省设置督抚。恐其背叛，割财政权予布政使、储粮权予粮储道、武器权予兵备道。为遏制各省联合叛乱，规定各营以防卫驻地为本职。接到调动谕旨亦可拒绝赴援。为此，中国根本无法举国一致共抗日本。"

还有一个细节值得关注。据 1894 年 12 月 21 日的《申报》载，广东新安县汉奸黄亚池被捕后招供说："一向在东洋贸易，与倭人稔熟。倭国地狭人稀，兵不足用，遂嘱我等回粤代为招兵。同党共十余人，拟每人招二百名，每名月给粮洋二十元。同党分赴各处招募。"原来向日本人摇尾乞怜的汉奸不是五十年后才有的，甲午战争时侵华日军中竟然已经有了"皇协军"！

追根究底，战争首要依靠的是军队，而军队的组建与维护靠的是国体与国力的支持，这才是导致中日两军实力差距的根本因素。

清政府信奉"中学为体，西学为用"，坚持用保守的封建思想治国治军，只是把战舰"买了回去，也就算了"。同时，因为这种落后思想导致投鼠忌器，严重束缚了改革的力度和深度。而日本自皇室开始转变观念，天皇全盘西化，不仅穿西服、吃西餐、学英语，而且大力推进资产阶级维新运动。日本不仅赢在武器装备先进上，更赢在政治制度先进和全国国民上下一心。

大清的北洋水师不是输在战场上，而是没有上战场就已经输了。

甲午败因

—— 大清的陆军害死了大清的海军

甲午战争中清军的失败，与其说是败于黄海海战中的北洋水师舰队，不如说是败于陆军。

这一观点与大多数人对这段历史的认知不一致。很多人认为甲午战争的失败就是因为甲午海战的失败，甚至有人将甲午海战等同于甲午战争。不是吗？电影《甲午海战》中就有这样的片段：1895 年 2 月 17 日，随着日军大批登陆威海卫基地，甲午大海战最后一战以中国军队失败结束，4 月 17 日，中日签订《马关条约》，甲午战争结束。

事实上，甲午海战充其量只是中日战争的最后一部分，而决定整个甲午战争的关键因素是甲午陆战！

甲午战场从朝鲜半岛到辽东半岛，再到山东半岛，后人熟知的甲午海战只是中日甲午大战中的一小部分。真正决定整场战争走向的，是清政府投入大批兵力与日交战的陆战。从中日双方投入的兵力和持续时间上看，甲午陆战规模都远远超过甲午海战。而陆战失利又是导致海战失败的直接原因之一。

在中日甲午战争的后期，竟然出现这样的情形：在陆地上取得胜利的日军，占领清军阵地后，用清军阵地上的炮台大炮，轰沉了北洋水师的军舰。

甲午陆战最后一战"田庄台战役"的惨败，让日军可以随时长驱直

◎日清之战中，清军战俘由附庸于日方的朝鲜士兵看管。

逼京城，由此清政府被迫签署城下之盟《马关条约》。

那么，为何清朝陆军如此不堪一击，原因何在？是清朝陆军对日军的骁勇善战心生怯意还是陆军认定主战场在海上，故避开日军，以待北洋舰队在黄海上给予日军致命打击？

以上两种猜测都不对。事实上，面对日军的侵犯，清政府并没有畏战避战，反而投入倾国兵力去抗日。在甲午陆战中，清政府与日本动员兵力共计60余万，从成欢之战、平壤战役、鸭绿江防守战、盖平之战、金旅之战再到牛庄之战、田庄台之战，从1894年7月25日到1895年3月下旬停战时，双方大规模交战十余次，仅在第四次收复海城的战斗中，清军就集中了一百余营6万兵力，可以说将全国最有战斗力的士兵都投到了陆地战场上。

而甲午海战一共只打了三次，在中日两军最高层眼中，海军只是陆军的辅助。清政府在甲午战争一开始就盲目否决了海军将领丁汝昌、林泰曾等人提出的"决战仁川"战略构想，使得日军轻易增兵朝鲜。

那么清军在甲午陆战中的表现又如何呢？

与北洋水师一样，清朝陆军中也涌现出了许多像左宝贵、马玉昆、聂士成等英勇抗战的将士，有的战斗表现得非常出色。

安成渡埋伏战，这是甲午战争中国陆军对日第一战。在这场战斗中，清军击毙了日本高级将领第二十一联队中队长松崎直臣。

马玉昆在船桥里之战让日军胆寒溃败、聂士成摩天岭系列阻击战屡战屡胜、徐邦道土城子伏击战重创来犯之敌……然而爱国将士奋勇抗战不惜血染沙场，换来的仍然是大清陆军全局性失败，牙山败退，平壤失陷，鸭绿江防线崩溃……

那么陆军如此不堪一击、一溃千里，难道真的如李鸿章所说是"战败，固由众寡之不敌，亦由器械之相悬"？陆军的失败，是败在枪炮不如人吗？

其实，当时清军装备有世界闻名的英国亨利马提尼步枪、德国连发毛瑟枪。参战的部分淮军，甚至还在战前装备了最为先进的后膛连发枪。在平壤战役中使用的七连发枪和十三连发枪，都曾让日军吃尽苦头。只是这类尖端武器数量有限，同时射击技术普遍较差，浪费子弹现象也极为严重。在火炮方面，清军虽然有拥有英国阿姆斯特朗式、德国克虏伯式等后膛钢炮达 370 多门，却过于分散，不懂得在战场上集中使用优势火力。袁世凯就曾哀叹"各军不知枪炮"。

除装备问题外，最令人大跌眼镜的是，甚至在本土作战中，清政府几乎每次战役都出现众不敌寡的情况。虽然清军号称有百万常规军，但大部分毫无战斗力。最极端的是旅顺守军总兵力14700人中，其中11000人还是没有作战经验的新兵。

此时说整个大清朝，基本是无兵作战，恐也不为过。

那么为什么清朝陆军战斗力如此低下？这还得从清朝的军队体制说起。

清朝的国家常备军，最初是八旗和绿营。八旗军士主要是满人，大约有二十来万。八旗基本担当的是地方警察的职务，相当于"宪兵"，主要驻扎于京师，作用是监视其他军队。绿营则主要是明朝降兵，约60万，以汉兵为主。因明朝军制以营为基本单位，旗帜为"绿色"，故称为绿营。绿营受八旗监督，清政府不愿其发展，因此算是一支防御型军队。

◎定远和镇远号被击中起火的场景素描。

◎ 1894 年，日本军警在中朝边境残杀搜捕到的清军。

  清朝入关后，满族版图骤然扩大，从闭塞的东北一下子变成整个中国，兵源太少，再加上养尊处优，八旗的战斗力很快就不行了。而绿营的战斗力从白莲教起义、特别是太平天国消灭江南大营、江北大营之后，也基本上丧失了战斗力。之后，又出现了曾国藩、李鸿章组建的湘军、淮军，其兵源来自地方拨款的团练，即"丁"。曾、李召"丁"为"勇"。"勇"虽然属于国家军队，但不是常备军。所以严格上说，湘军、淮军应称为"湘勇"、"淮勇"，他们只是临时征召的战时部队，不能算与八旗、绿营一样的国家常备军。之后，清政府"化勇为兵"，将大部分的湘军解散，淮军余六七万，纳入绿营，称为"防军"。太平天国结束后，出现了一种几乎与防军同时进行的军队改制，称为"练军"。这是由直隶总督刘长佑主导，将原来的绿营军队，以淮军为模本，以新的训练方法重新训练的军队，姑且算作是绿营的改良版吧。

  堂堂大清朝的陆军常备军，就是这样消减了又消减，及至中日甲午战争爆发，哪里还有一支像样的军队来抗击外侮、保家卫国？

◎ 1895 年，日清战争中的日方士官。

虽然北洋海军采用了当时西方最为先进的训练和作战体系，但陆军却还停留在用大刀长矛冷兵器作战的思维上，将领们对近代军事知识也匮乏到了可悲的地步。一旦上了真刀实枪、你死我活的战场，怎么能不失败呢？

那么陆军战场的失败导致了什么严重后果？

一例可知。1894 年 9 月 15 日，平壤战役，在战事尚可作为时，清军统师叶志超却弃城而逃，上演了惊世骇俗的"狂奔五百里大逃亡"，引得日军一直追击到中国境内。此次溃退，叶志超为原本弹尽粮绝的日军留下了大批枪弹粮食等军需物资。之后，清军每次战败都会大量遗弃武器物资，让日军越打越滋润。

陆军在战场上的连续失利，让日军前锋部队势如破竹，直接威逼京师，彻底动摇了清政府的作战决心，于是签订了《马关条约》。

而北洋水师覆灭的背后也有着陆战失利的阴影，为什么这么说呢？

北洋水师所倚仗的，除了"定远"等炮舰，陆上构建的坚实炮台也是打击日军的重要据点。但是，当日军侵犯号称"东方第一要塞"的旅顺口时，陆军守将卫汝成等将领先后潜逃，导致清军群龙无首不战而逃。旅顺口不到一天，就被日军几乎不费吹灰之力占领。而在日俄战争中，同样的要塞俄军坚守了半年，让日军付出了2万多人伤亡的惨痛代价。

北洋水师迫不得已放弃旅顺口移师威海卫港。

但是，在固若金汤的威海卫要塞，陆军彻底溃败，陆地炮台很快就落入日军手中，坚守时间不到4个小时。在北岸炮台日军甚至不战而取清军各个阵地，使军港内的北洋水师腹背受敌，成了日本海陆两军的活靶子。

极具讽刺的是，当日军陆军攻占龙庙嘴炮台后，面对先进庞大的克虏伯要塞炮，他们完全不会操作。于是胁迫刚刚被俘的4名中国陆军士兵操作克虏伯炮，来轰击北洋舰队。这是世界海军史上的奇闻。最终，日军就是用清军留下的许多完好无损的先进大炮，完全摧毁了北洋水师。

正是中国陆军的一路溃败导致了甲午耻辱。

但也正是这场战争警醒了国人。晚清政府随后大力发展陆军，袁世凯等人开始编练新军，这股新的陆军军事势力，深刻影响了20世纪的中国历史。

袁世凯的这批陆军部队，后来出了10多位中华民国总统、总理，统治中国长达26年，开创了一个思想解放、云蒸霞蔚的北洋大时代。

1894年12月8日出版的法国画报《小日报》描绘日清战争的多幅插画。

◎日清战争中的三方，李鸿章（中）、伊藤博文（日）、大院君李昰应（朝）。

◎参与旅顺港争夺战的日军将领。

◎平壤，日军医院的伤兵。

◎日军与清军战俘。

◎日军由仁川向朝鲜境内增兵。

◎清军在发起冲锋前集结。

唯一胜利

—— 震动中日朝野的"船桥之战"

中日甲午战争是以中国的完败为结局，特别是连绵平壤半岛、辽东半岛、山东半岛的陆上战争，清军陆军的一次次惨败，是直接导致北洋舰队覆没的重要原因之一。

战争初始，甲午战争中规模最大的陆军战役在平壤爆发。平壤之战拉启了清军陆军的溃败序幕。但鲜为人知的是，在这场战争中，大清国原本是有机会取得决战胜利的，因为在平壤战争初期本已经取得首战大捷。

在这场持续不到一天的恶战中，清军让日军蒙受了重大伤亡。据日本官方资料《明治廿七年日清战史》公布的数字，"将校以下死者约一百四十名，伤者约二百九十名"。

这场让中日朝野震动的战役，正是"船桥之战"。

"船桥之战"的战场就在平壤。平壤是朝鲜北部重镇，在大同江的北岸，城高墙固，易守难攻。大同江在城外由东向南拐了弯后奔腾向西，宛如一个臂膀护卫着平壤，形成天然屏障。而船桥，即在大同江的南岸。

1894 年 8 月下旬，"成欢之战"中失利的叶志超和聂士成先后率部撤回平壤，清军驻守平壤的步、马、炮兵达到约 15000 人。按李鸿章"先定守局，再图进取"的方针，清军在平壤赶修工事，在险要地驻军，马玉昆所部负责防守大同江南岸的船桥一带。

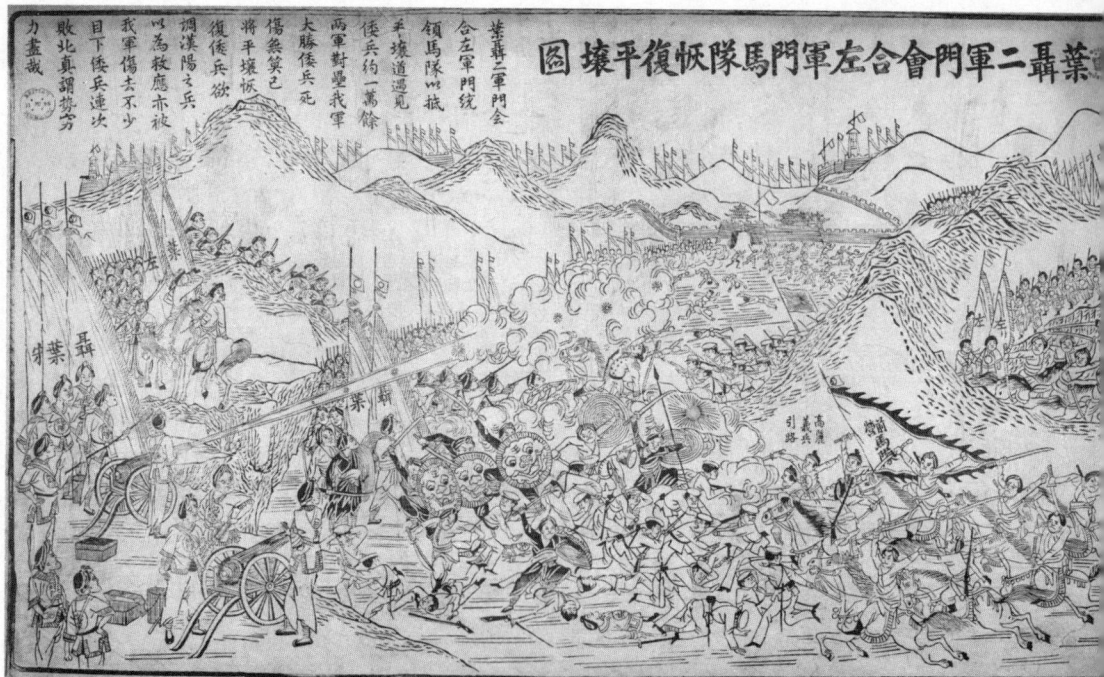

◎平壤船桥之战，聂士成与叶志超统率的军队与左宝贵军会师。

左宝贵、马玉昆，二人在平壤战役中曾并肩作战，一位战死城头，成为第一位以身殉国的大清国高级将领，另一位则率军取得了甲午战争中，清军陆军抗击日军的唯一一场胜利——平壤船桥大捷。

左宝贵战死的消息传到国内，上海的一家报纸刊登出一则令人动容的消息，说左宝贵的夫人悲痛欲绝，誓言要为夫为国报仇雪恨。她号召大江南北的爱国女子学习穆桂英挂帅，组成"中华娘子军"，奔赴抗日前线抗击顽敌。还说皇上看后大喜，却又阻止说："堂堂大清帝国，满朝文武，报仇者何患无人？何必使妇人从军，为外邦见笑？"虽无史实佐证此事，却折射出当时国人所表达的同仇敌忾的爱国之情。

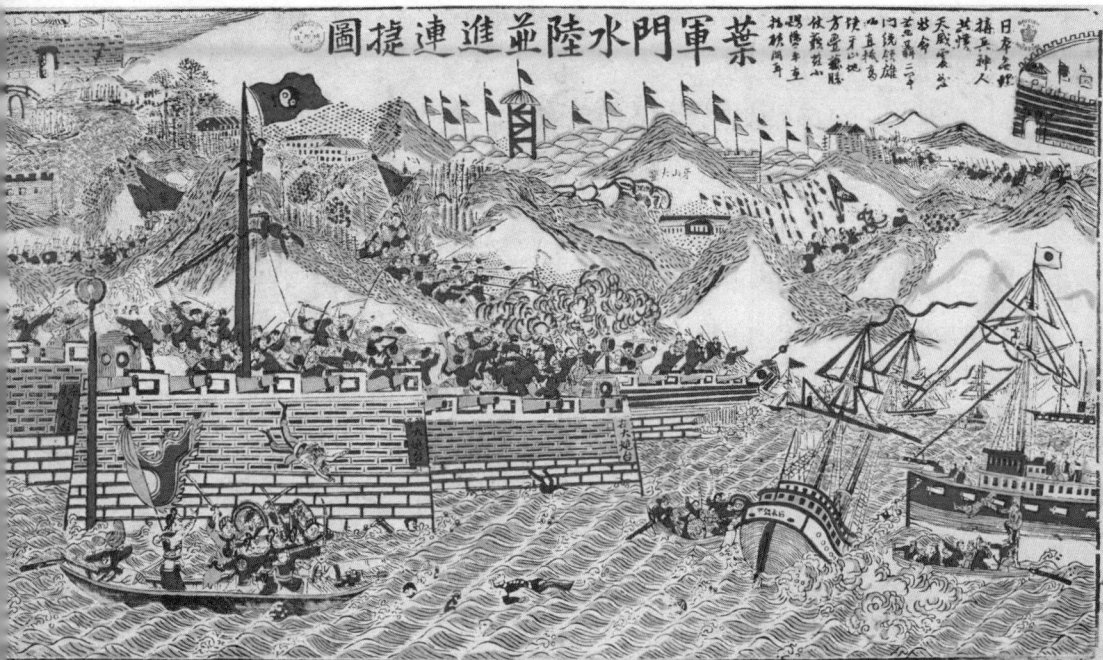

◎叶志超军水陆并进。

马玉昆，字景山，安徽蒙城县人，清末淮军将领。1874 年，曾随左宗棠共同抗击沙俄的侵略，收复新疆名城十数座，并率先实施军队在新疆就地屯垦。1894 年补授山西太原镇总兵，驻防旅顺。这年 7 月，为了阻止入侵朝鲜半岛的日军北上，马玉昆奉命率毅军 6 营 2000 人进驻平壤。

清军以逸待劳，武器、粮食充足，又据有大同江天险，占尽地利人和。然而，势如破竹的日军似乎并不在乎这些。

8 月下旬到 9 月上旬，日军第五师团全部，第三师团的一半兵力先后进入朝鲜，日军在朝鲜的总兵力达一万九千余人，他们占领汉城后，从南面直扑平壤。

9月12日，日军司令山县有朋大将到达朝鲜，坐地指挥攻打平壤，并决定于9月15日发动总攻。

他把日军兵分成四路，分别从南、北、东北、西南四面夹击平壤。其中，正南面一支就是旅团长大岛义昌率领的混成第九旅团，约3600人，计划从大同江南岸攻击船桥清军。

大岛义昌刚在牙山战役中击败叶志超、聂士成，士气正旺，没有把清军放在眼里。14日，在南路军作战会议上，大岛信心十足地对部下说："本旅团将以明日午前8时前后攻陷平壤，共握手于城中，以祝万岁。"当日午夜，他重新布置了兵力，将混成第九旅团分为左翼、中央、右翼和预备四队，矛头直指大同江南岸的清军堡垒。

1894年9月14日，日军1.6万人，30门火炮，分兵四路，进攻平壤。15日凌晨三时，右翼队炮兵第三大队首先逼近船桥，他们没有急着进攻，而是先伐除了阵地前的树木，修筑攻城工事。一个小时候，在炮兵到位布阵完毕后，日军开始向船桥里的桥头堡进攻，双方枪炮齐鸣，平壤之战打响。

马玉昆部队的前沿阵地，是在船桥附近的土器店和水湾桥各筑一座堡垒，但其结构都是利用旧草屋加固而成。在中央队的进攻下，守卫在此处的清军小队不敌，撤回船桥。这样，清军在大同江南岸的据点很快只剩下了三个桥头堡。日军志在必得，集中了大小枪炮连续猛烈轰击清军堡垒，中央队的炮兵指挥官亲自上阵指挥发炮配合进攻。在遮天炮火的掩护下，日军步兵左右夹击，形成合围，此时，船桥变得岌岌可危，马玉昆还能守得住吗？

面对敌人的强大攻势，马玉昆毫不畏惧，指挥清兵决不退让，战况进行得异常惨烈。一位日军将领战后在日记里写道："在如此激烈的炮击下，原以为敌兵会立即溃散。然而，我军前进一步，敌军亦前进一步，彼此步步相互接近。此时，除使炮击更加猛烈外，亦别无他顾。战争愈来愈激烈，乾坤似将为之崩裂。"久攻不下的日军将领感叹，马玉昆"彪悍"之名果不虚传。

因为桥头堡前地势开阔，缺乏隐蔽物，日军完全暴露在清军的枪口下。日军战地记者记载道："清军频频发射之连发枪子弹掠过树枝头，恰如疾风扫落叶一般"，给日军造成了极大的伤亡。指挥官林久实大尉、细井有顺中尉、今井健中尉被当场击毙。

但日军指挥官深知船桥不克，他们在朝鲜的战争将功亏一篑，因此不顾伤亡，严命士兵拼死冲击，下令"宁死勿退"。在日军的疯狂进攻下，清军左、右两翼堡垒先后被日军占领。清军炮兵于是转向猛烈轰击失守的两翼堡垒，由于射程近，刚进入清兵堡垒的日军死伤甚多，第2联队第1中队、第21联队第2、第4中队将校全部战死或负伤。

这时，天色渐亮，守卫大同江北岸的清军瞭望南岸，知日军没有地利优势，可以乘机攻之。于是，防守平壤城西南的卫汝贵抽调盛军200人，并亲自率领杀向了南岸。经此突然袭击，日军陷入慌乱，直到太阳高照，日军也没能逼近桥头堡，反而伤亡甚众。在双方炮兵的对射中，日本炮兵中队山本大尉以下伤亡严重。

此时，江北岸清军不断为江南堡垒守兵运送弹药，清军愈战愈勇，而日军弹药将尽，他们自午夜出发后就未曾吃饭，早已饥疲不堪、士气低落，尤其中央队战线弹药全部射尽，将校多数伤亡，已无力再战。日方曾这样记录："当是时，清军善拒善战，日兵决死当之。旗手大森少尉见事急，曰：'我如战死，宜合我尸以埋之。'因先埋旗以战。"军旗任何时候不能落入敌军之手，这是日军的传统，可见当时日军已经深知战胜无望，抱定必死之心。

下午1时，日军旅团长大岛义昌见伤亡惨重无奈下令撤退，此时的马玉昆没有下令乘胜追击，丧失了歼灭第九旅团的绝好时机。

对于日军此番在船桥之战中的挫败，当时英国政府派来远东观战的炮兵司主事蒲雷也曾有记载："直至九月十四日，野津尚未得元山、朔宁两路之消息；且是日渡江之际，又有耽延，遂失师期。野津则传令大岛，先于十五日趋前小战，俟十六日始用正兵。大岛对曰：'元山、朔宁两路，计已如期攻平壤之后，设敌军为尝敌而设，其若预约何！况贵督大军未至，我岂能逡巡观望？'遂于十五日平明，拔队齐出，以步兵为前驱，攻江左之华军。无何，已夺防守船桥之一垒，然他炮台皆屹然完整，大岛始觉部兵之少，而他路不合之苦。适会是时，有立见、佐藤两军驰至平壤之北，遥闻炮声，又未接援攻之军令，因遂麾兵进逼。大岛亦闻其炮声，知北路业已开战，急于见功，愈益奋迅。徒以兵力不足，死亡渐伙，战至下午无奈退守原营。"

船桥之战，是清军在甲午战争陆战中打得最好的一次战斗。日军伤亡惨重，日军将校战死多名，大岛义昌也在战斗中受了伤。

日本战地记者记录了日军战败撤退后的惨状："此日自午后四时，骤降大雨，士兵浑身淋透，雨水和伤员的鲜血混在一起流淌，满地皆红。"混成第九旅团的营地呈现出一片凄惨的景象。日本诗人杉浦梅谭写下了"此役不克旗下死，呜呼苦战船桥里"的哀鸣。

此战清军以2200人力敌3600名日兵，殊死拼搏，以少胜多。然而，一场局部的胜仗并不能挽回整体的颓势。尽管马玉昆在船桥之战中获胜，但在日军的其他三路大军的夹击下，平壤最后还是沦陷了。

精英不再
—— 北洋舰队里的那些青年才俊们

甲午战争失败，北洋海军覆没，割地赔款，主权沦丧，清朝历时三十余年的洋务运动所取得的近代化成果几乎全部化为乌有。而其中，最让人痛惜的，是辛苦培育的海军人才的凋零，这些人中，有丁汝昌、刘步蟾、林泰曾……

早在1874年，李鸿章就在《筹议海防折》中提出了人才的问题："用人最是急务，储才尤为远图。""拟请嗣后凡有海防省份，均宜设立洋学局，择通晓时务大员主持其事。分为格致、测算、舆图、火轮、机器、兵法、炮法、化学、电气学数门，此皆有切于民生日用军器制作之原。"

面对"几千年来未有之大变局，几千年来未有之强敌"，清政府除了多次派遣人员出洋留学外，还聘请外教建立新式学堂进行近代海军教育，先后由中兴名臣左宗棠、首任船政大臣沈葆桢、李鸿章、张之洞等建立福州船政学堂、天津水师学堂、广州水师学堂等，培养了一批专业的高级指挥人才。而福州船政学堂更是成为中国海军摇篮，聘请了外国教习教学造船、航海、兵操等知识，强调理论实践相结合，使用外文原版教材，全外语教学，开设当时最先进的课程与英法国家教育同步。在这一点上，就连四五十年后建立的北大、清华这样高等学府的研究生院都达不到。经过三年专业课程学习后，学生还被安排到工厂或舰艇实习两年。1871年学生驾驶船舰实习，巡历香港、新加坡、日本等口岸，

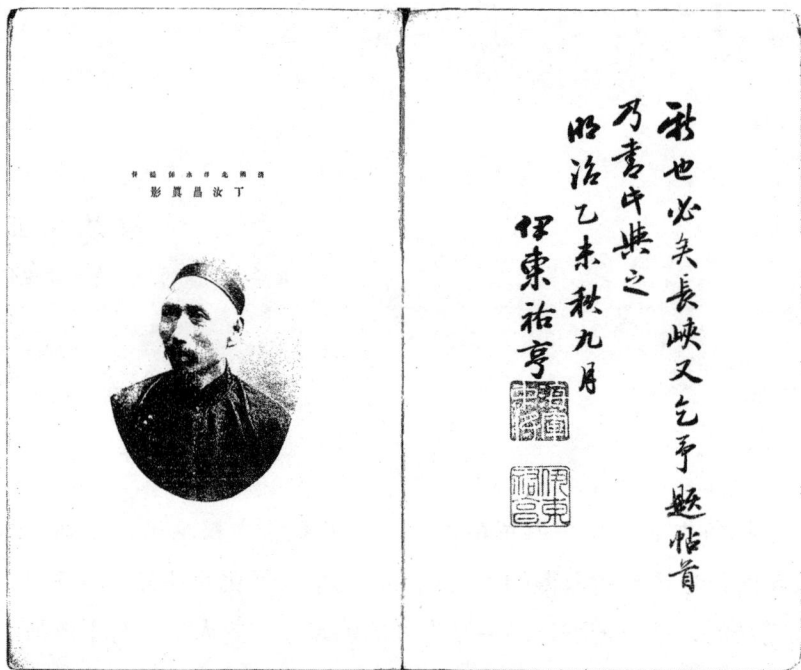

◎北洋水师提督丁汝昌 (1836–1895)，甲午战败后饮药自杀。

这成为了我国海军第一次远航。这种课本与实践相结合的教育理念，与当时先进的欧美国家相同，时至今日仍有借鉴意义。

此外，学堂还选拔学业优异者赴国外深造、进入英国海军任见习官。

船政学堂开创了中国舰船和航空工业的先河：自1869年始先后制造出，第一艘千吨级轮船、第一台蒸汽机、最大吨位铁肋木壳兵船、第一艘钢壳网甲军舰、第一架"甲型一号"双翼水上飞机等。在1868年至1907年的40年间，学堂共造船40艘，飞机17架。舰载蒸汽机、锅炉以及气压表、舰炮瞄准器、经纬仪等精密仪器设备均能自己制造，打破了长久以来外国垄断的局面，从而保证了对海控制权。在第一届毕业生中，有14位具有远航能力，14名担任轮机长，26名接近工程师水平，大大超出原定计划。

◎致远号巡洋舰管带邓世昌 (1849–1894)，与舰俱沉。

    1888 年北洋舰队成立时，12 艘战列舰中有 11 艘的管带出身于船政学堂，年纪全部低于 40 岁，其中大部分都毕业于英国皇家海军学院。其中著名爱国将领邓世昌就是福州船政学堂的第一届毕业生。以至史学家唐德刚称中日黄海海战为"以一校一级（船政学堂第一届毕业生）战一国"。

    1891 年 7 月 5 日，丁汝昌率北洋水师精华"定远"、"镇远"、"致远"、"靖远"、"来远" 6 舰抵达日本横滨港访问，《东京朝日新闻》在《清国水兵现象》报道中称"军纪大为改观，水兵体格一望而知其强壮武勇"。清朝将领用熟练的英语为参观的日本各界人士讲解舰上设施，日法制局长宫尾崎三郎回忆，感受到中国海军的强大"同行观看舰者皆卷舌而惊恐不安"。

◎出身北洋水师、后任清军海军统制和民国海军司令的萨镇冰 (1859–1952)。

"留美幼童"是中国在近代化转型特殊时期的最早的公派留学生，在曾国藩、李鸿章支持下，先后派出四批共 120 名学生赴美留学，他们的平均年龄只有十二岁。94 名留学生被遣返回国，其中 41 人投身到中国近代海军建设中。有至少 7 名留美幼童作为舰长、大副或参谋，参与了近代中国最激烈的海上战争——甲午海战，有 3 人血洒海疆。

除了大名鼎鼎的留美幼童，北洋水师更多军官主力是由留英、留德、留美等军事留学生构成，包括北洋水师总兵刘步蟾、镇远舰管带林泰曾、靖远舰管带叶祖珪、济远舰管带方伯谦以及康济舰管带、中国近代著名海军将领萨镇冰等，至少有 33 名留学生在北洋水师中担任中高级军官。他们为北洋水师的筹建、发展、壮大做出了突出的贡献。他们凭借所掌握的扎实的先进知识和丰富的驾驶经验，成为中国最早的一批新式海军军官。中国第一部海军法典《北洋海军章程》，就是主要由留英生刘步蟾、林泰曾等人商定。李鸿章曾称赞刘步蟾、林泰曾等留学生，"造诣皆有可观"，"将来水师人才必当于此辈求之"。

可以说当时中国海军的素质达到了从未有的顶峰，曾担任北洋水师总教习的英国人琅威理就对中国海军寄予了高度评价，"倘与日本海军校，中国未尝或逊，……且与欧西大战，亦当绰绰有余。""就炮术而论，中国兵优于日本兵，日人应自承认之，除六磅以下小炮外，日军之命中率约占百分之十二，而中国约占百分之二十"。

几乎在同时期，日本也开始了向西方学习以发展近代海军事业。

1863年，有着丰富海军经验的日本开明政治家胜海舟，在神户建立军舰操练所，培养航海人员。同时建立海军私塾，从一切阶层挖掘人才，振兴国家。

神户军舰操练所优秀毕业生被派遣到荷兰、英、法等国专门学习海军相关技术和经验。足见当时中日两国在海军人才培养模式上有着相近之处。

然而，中国这支拥有高素质海军的北洋水师，却在甲午战争中一败涂地，以至于后来不少人质疑各舰队将领无能，事实真的如此吗？

◎定远号战列舰管带刘步蟾(1852–1895)，在刘公岛失陷后自杀殉国。

1894年中日甲午海战爆发，北洋将领表现十分英勇顽强、指挥机智，曾一度给甲午海战带来转机和胜利的曙光。在火力、机动性、毁伤力都不如日舰情况下，以邓世昌、刘步蟾、林永升等为代表的北洋海军将士在丰岛、黄海、威海卫等几次海战中奋勇杀敌、视死如归，抱有"与舰共存亡"的决心。

最终，邓世昌驾致远号在弹药用尽舰体重创的情况下，向敌先锋舰吉野号冲去，不幸被鱼雷击沉；刘步蟾指挥定远号多次给予日舰重击，在定远号沉没后实现"苟丧舰、将自裁"的誓言，自杀殉国；林永升在经远号中弹甚多情况下仍率众搏敌，激战中中炮牺牲，帮带大副陈荣和二副陈京莹也先后牺牲；管带黄建勋、林履中在超勇舰、扬威舰沉没后愤然投海殉国……

除了上述提到的济远号帮带大副沈绥昌、广丙号帮带大副黄祖莲外，威名远播的致远号邓世昌的帮带大副陈金揆也在黄海海战中牺牲。

　　巧合的是，中日两军指挥官竟然都是英国皇家海军学院的同学。伊东佑亨是日方海军军令部长，担任海战总指挥。中方北洋舰队都督丁汝昌受伤后由旗舰"定远号"管带刘步蟾接管指挥整个作战任务。这两位曾是英国皇家海军学院的同学。昔日的同窗各自背负祖国使命，在军舰上炮火相向时，是怎样一副场景呢？

　　开战伊始日本海军第一发炮弹就击中北洋旗舰"定远号"，都督丁汝昌被炸伤，舰队失去首脑，整个阵形被打乱。日本海军凭借先进的快速巡洋舰"吉野号"的猛烈炮火取得压倒性优势，北洋水师自此完全处于被动，不久随着陆军的全面失利，北洋水师全军覆没。

　　可见，甲午战争的惨败跟这些舰队的将领关系并不大，而是清政府的战略失误和极度腐败，用参加过甲午战争的著名海军将领萨镇冰的话说："甲午战争，由于清廷腐败，致使北洋海军一败涂地。"在甲午海战中，中国近代海军最优秀人才多数战死或自尽殉国，阵亡将士三万余名。

　　1895 年 2 月 17 日下午，海风呼号，雨雪交加，在一阵阵汽笛哀鸣声中，被解除武装的北洋水师练习舰康济号，在萨镇冰带领下，载着自杀殉国的水师提督丁汝昌、定远舰舰长刘步蟾、镇远舰舰长林泰曾，以及两名"留美幼童"沈绶昌、黄祖莲等人灵柩，痛苦地驶离威海卫刘公岛。这一天，由李鸿章等洋务大臣倾心数十年的心血毁于一旦；这一天，宣告了亚洲最强海军北洋水师覆灭。清政府的海军强国梦被彻底击碎。

　　日军在甲午战争中获得了料想不到的大胜，打败了海上军事力量在其上的大清帝国，就连随军的日本记者都陷入狂喜之中。他们看到日军占领曾经垂涎已久的旅顺港，在报道中得意扬扬地写道："此处为清军唯一港口，而今已成我等之物。每思及此，不禁有双肩生风之感。"当时与今天的中国人看到这里，除了留下恨铁不成钢的嘘唏外，还会想到些什么？！

　　清朝政府以耗费几十年的心血培养的众多军事人才，曾经的天之骄子，竟全部陨于一役，这里不仅有那些才华横溢的留学生，还有寄托着大清复兴梦的第一批"留美幼童"。

第二卷

袁氏当朝

◎日军自近代以来到二战开始前夕,几乎没有打过败仗,数次击败老牌军事强国俄罗斯和德国。那么,效力腐朽清朝政府的袁世凯,到底有什么过人的才干,成为近代史上击败日军第一人的?

◎督练小站新军的胡燏棻 (?–1906),袁世凯的前任。

锋芒初露

—— 袁世凯成为中国近代史上击败日军第一人

1884年，日军遭遇了近代史上第一次大败仗，率领中方军队大获全胜的将领，这一年仅25岁，日军自此将其视为最大的敌人，十年间多次企图暗杀他，都没有成功。

他就是后来因"二十一条"被称为卖国贼的袁世凯。

日军自近代以来到二战开始前夕，几乎没有打过败仗，数次击败老牌军事强国俄罗斯和德国。那么，效力腐朽清朝政府的袁世凯，到底有什么过人的才干，成为近代史上击败日军第一人的？

1882年，清廷的属国朝鲜发生"壬午军乱"，王室危急之际，朝鲜国王李熙向清廷求助，清廷命令吴长庆部开赴朝鲜平乱。23岁的袁世凯跟随吴长庆秣马厉兵，东渡朝鲜。

进入朝鲜后，清军军纪散漫，常有扰民之事发生，吴长庆将整顿军纪的事交给袁世凯。袁世凯在得到吴长庆的授权后，对于犯令者严惩不贷，迅速树立了自己的威信。一次，当地百姓控诉清军士兵强奸一名朝鲜妇女，袁世凯得到报告后即刻展开调查，带兵搜捕一昼夜而未进一餐，最终捕获元凶并且亲自手刃之。对于军中士兵吸食鸦片，袁世凯抓到必杀无赦，就连跟随吴长庆多年的随从，也因吸食鸦片而被袁世凯所杀。

袁世凯很快协助吴长庆平定军乱，安定了朝鲜局势。

　　袁世凯随后帮朝鲜国王训练了一支 5000 人的德式新军，充分展示了其卓越的军事才能，令朝鲜上下大为折服。

　　吴长庆对袁世凯大为欣赏，上奏朝廷推荐袁世凯："治军严肃，调度有方，争先攻剿，尤为奋勇。"

　　1884 年，中法战争爆发，由于清军在战争中节节败退，清廷在朝鲜的威望大大降低，原想托庇于清廷保护的朝鲜王室和亲华派也开始动摇。朝鲜"开化党"和日本认为清廷在战争期间无暇北顾，是发动政变的绝好时机，遂决意起事。

　　清廷在朝鲜地位岌岌可危，但是对于踌躇满志的袁世凯，他认为自己的绝佳机遇到了。

　　果然，"开化党"人士不久发动了"甲申政变"。驻扎在朝鲜的日军欲趁此机会，挟制朝鲜王室。

　　政变发生之前，袁世凯已察觉到情况有异，他将朝鲜山雨欲来的紧张局势函告给李鸿章并提醒他，日本公使竹添进一郎将在日内返回汉

◎ 1884 年，朝鲜国王高宗李熙 (1852–1919)。

城，届时可能会有事发生。

政变当晚，开化派重要成员洪英植以庆祝邮政大厅落成的名义邀请守旧派大臣和外国使节赴宴。日使竹添托病不出，袁世凯察觉气氛有异，担心鸿门宴也推托不去，只有中方总办朝鲜商务委员陈树棠、守旧派大臣闵泳翊等出席。席间，开化派党徒在厅外放火，宾客以为有人在燃放烟花，纷纷外出观看。这时，埋伏在厅外的叛乱分子一拥而上，将闵泳翊乱刀砍倒，一时间宾主皆作鸟兽散，各自逃命。叛乱者趁乱入宫，谎称清军作乱，恐吓威逼国王李熙写下了"日本公使来卫朕"的求救书，日使竹添随后便以"朝鲜国王要求"之名带日兵入宫"保卫"国王。

◎ 1904 年前的袁世凯（1859—1916）。

控制了王宫的日军和开化党叛军假传圣旨召那些守旧派重臣入宫，来一个便处死一个。第二天，开化党组成新政府，以国王谕旨的形式函告各国使节，那些早已同他们达成默契的西方诸国使节纷纷配合演戏，晋谒国王、恭祝新政，政变似乎大功告成。

对于朝鲜巨变，在朝清军紧急商讨是否该采取军事行动。

当时，中朝间的公文都要靠北洋的兵船送到天津的北洋衙门，往来一次需要好几天时间。如果按常规请示，重大事变的应对决策必由北京的清廷最高层来拍板，时间的延误也就无可避免，而挽回大局的机会就可能失去了。

一些将领表示"没有国内的命令，不敢轻举妄动"。认为如果发动战争就是师出无名、衅自我开。有消息传来美、英、德三国使节要求清军暂缓行动的劝告，朝鲜金允植也来函请清军按兵不动，以免伤及被日人挟持的国王。

在这个重要的历史关头，袁世凯表现出了勇于任事、处事果断的干练和担当。

袁世凯强调情况紧急，已不可能待命而行，一方面紧急函告李鸿章朝鲜已发生政变，请求增兵并指示应对策略。同时积极谋划军事行动，在采取行动前袁世凯对同僚们说"如果因为挑起争端而获罪，由我一人承当，决不牵连诸位"。

袁世凯随后立刻率一营官兵及朝鲜新军左右营赶赴王宫。在遭到守军的猛烈射击后，袁世凯果断命令清军还击，双方展开了激战，宫内顷刻大乱，朝鲜闵妃携王子趁乱逃出宫门，投奔清军大营。此仗，袁世凯身先士卒，即使尸体满路也毫无惧色，踏着满脚血迹奋勇向前。双方经历了激烈相持阶段后，守军中不断有曾受袁世凯训练的朝鲜新军士兵临阵倒戈，加入了清军一方，战局急转，很快日军被击溃，清军大获全胜。次日，朝鲜国王移居袁世凯所部军营，召集原政府成员，组成新政府，并召见各国使节，告知政变平息。竹添焚烧了日本使馆，逃往仁川。

甲申政变以中国大胜，日本惨败而告终。袁世凯一战成名，正式登上了中国近代史的大舞台。

中日甲申之战，双方兵力相差并不悬殊，各有一千余人。而竹添挟持了国王，控制了王宫，由此作战有险可据、可以逸待劳。却为何一败涂地？

关键在人，领军人物至关重要。

清军的核心人物是袁世凯，他在此次事变中不遗余力，勇于担当，坚毅果敢。李鸿章日后曾表扬他"血性忠诚，才识英敏，力持大局，独为其难"。

但是也应该看到，在政变突发，局势不明，袁世凯断然出兵，可以说走的也是一步豪赌的险棋。

而日本方面，这次失败并未阻挡其扩张称霸的野心，日本人痛定思痛、枕戈待旦，卧薪尝胆十年之后，再次利用朝鲜的又一次内乱——东学党起义，挑起了中日甲午战争。

这一次，大清一败涂地。

擘画新军
—— 小站练兵练出一批民国总理与封疆大吏

　　甲午战争的失败，彻底暴露了晚清时期朝廷旧军队的无能。无论是李鸿章的淮军还是其苦心经营的号称"亚洲第一"的北洋水师，在战争中都不堪一击。清政府下决心编练的新军最终却终结了大清王朝的统治。临危受命的袁世凯是怎样操练了一支真正意义上的中国近代军队的？小站又是怎样培养出来民国初期的几任总统、多位总理的呢？

　　清政府于 1894 年 11 月成立了"督办军务处"，以恭亲王奕訢为首，庆亲王奕劻为会办，李鸿藻、翁同龢、荣禄、长麟会同办理。

　　1895 年即着手筹建新军事宜。为培养人才，选派人员去西方学习军事，设立武备学堂等军事院校，批准西按察使胡燏棻编选定武军士、两江总督张之洞训练自强军 13 营，聘用德国教官，模仿德军建制，配备全新武装，采用西式训练法。

　　1895 年 12 月 8 日，光绪皇帝颁布上谕："温州道袁世凯既经王公大臣等奏派，即著派令督率创办（新军），一切饷章照拟支发"。袁世凯接替胡燏棻取得了督练新军的大权。从此，袁世凯便开始了他训练新军的历程，37 岁成了清政府新军的创建人之一。

　　胡燏棻在天津小站编练的定武军共计 10 个营，包括步兵 3000 人，炮兵 1000 人，骑兵 250 人，工兵 500 人，总计 4750 人。袁世凯接

◎清朝新军官兵合影。1894年冬，胡燏棻在天津小站练兵，继而在全国各地设武备学堂，编练新军成为获取权力的新方式。到1912年，清朝编练新军已达14镇，18混成协，4标及2协禁卫军。

管这支军队之后，派吴长纯从山东、河南、安徽、苏北各地招募步兵2250人，魏德清在奉天招募骑兵300名，总计兵员7300人。军队改名"新建陆军"，它即是北洋军的前身。

为保证新军的质量，袁世凯在挑选士兵时相当严格。根据袁世凯所拟订的《练兵要则》中规定，招兵要求是：士兵军龄为20-25岁，身高4.8尺以上，力能托重100斤以上，每小时能步行20公里地等。另外还规定曾吸食洋烟者不收，素不安分、犯有事案者不收，五官不全、手足软弱无力者不收等，甚至对于士兵的文化程度都有一定的要求。

新建陆军的建制全照德国模式，分为步兵、炮兵、马兵、工程兵、辎重兵等。步兵5000人，分左右两翼，左翼二营，右翼三营；炮兵1000人，分右翼快炮队，左翼重炮队，以及接应马炮队；骑兵500人，分四队；工程兵500人，分别负责桥梁、地垒、电雷、修械、测绘、电报等。

武器装备先进。炮兵装备的是德国克虏伯厂生产的57厘米过山炮和七生特半陆路炮，步兵用的是奥国生产的曼利夏步枪，骑兵用的是曼

◎ 1896 年，张之洞在湖北编练新军，共 15000 人。张彪为第八镇统制，黎元洪为第二十一混成协统领，由德国军官训练。就是这支军队发动了武昌起义。

利夏马枪与战刀，军官一律佩戴六响左轮手枪和佩刀。

新建陆军建立了"行营武备学堂"，学堂共分四所，分别学习炮兵、步兵、骑兵、德文等科目。各学堂均有德国军官担任教习，学制两年。各学堂总办分别由冯国璋、段祺瑞、王士珍兼任。

清廷对于这次编练新建陆军很是重视，把它看作是"中国自强关键"。所以，朝廷无论在财力和人力都给予了优厚的待遇。部队的薪饷等费用全部由户部负责供给。

袁世凯在绿营军里对各级军官克扣军饷深恶痛绝，他在军饷发放上进行了彻底的改革。第一件事就是向户部打报告提高军饷标准，在分配上体现出技术含量越高的，拿饷银就越多。炮兵、骑兵比一般步兵拿得高，而洋员和翻译等文职人员又要高一些。

◎法国《小日报》上的中国新军图绘。

　　第二个改革措施，就是革除官弁层层克扣士兵薪饷的积弊。袁世凯不许营员插手放饷，由饷局安排专门的出纳人员事先分别包好，按名册列队发放到各人手中。还派出"纪检小组"前往各营监督发给，士兵按时直接领到饷银，齐声叫好。从此，新军直接发饷成为一项铁律。

　　新军制定了严格的制度，诸如《兵丁驻扎营暂行章程》、《操场暂行章程》、《行军暂行章程》、《简明军律二十条》、《查拿逃兵法》等条规，在《简明军律二十条》中规定了18条斩罪，要求士兵严格遵守，对违章者，加以严惩；对严格执行者，或记功赏银，或提升。

　　有一次，马队哨长范树杞操练时，帽子上的翎枝掉到了地上。自己不敢下马取起，跟随其后的士兵刘朝举为其下马拾起。袁世凯连这件小事也不放过，立即处罚违刘朝举二百军棍，范树杞被摘去顶翎。

在一次拉练训练中，正兵范荣新背枪出队买西瓜来吃，依照军规被惩以耳朵穿箭。所在营的领官吴金彪摘去顶戴，所在哨的哨官张殿如被责打二百军棍。曾有一名士兵酒后乱性强奸民女，袁世凯接到报告后，极其愤怒，呵斥所有求情者，令执法官将其立斩决，以整军纪。

还有一次，哨长刘三胜带领一支小队奉命在小站一带巡逻，一名士兵趁哨长不注意的时候，溜出去玩了一圈，回队后被哨长发现，受到严惩。

袁世凯治军之严，事无巨细，从小事抓起，甚至战马养不肥都要追究马队队长的责任。有一个哨长操练时在河边呼喊对岸的熟人，被责打五百军棍，摘去顶戴。一般人都说，袁世凯用人不是故旧就是老乡，就是同僚下属。但是，袁世凯在建立个人权力网络之时，非常注重对方的才能。如果是平庸的混吃混喝之辈，再铁的关系也不用。有一名哨官，到京城托皇亲国戚向袁世凯说情，想晋升为领官，结果不仅没得到提拔，反而将哨官的顶戴也拿掉了。

新军还对行军、住宿、操练等方面的纪律都做出了严格的规定，严格执行者给予奖励、升迁，违反者将会受到各种惩戒。新建陆军正是靠了这种严正军纪，有错必究、绝不偏袒，才造就了一支足以与世界军事强国接轨的新式军队。

◎ 1911 年，成为北洋军首领和内阁总理大臣的袁世凯。

◎ 1908 年，袁世凯被摄政王载沣革职，"隐居"在河南安阳。

新军编了《劝兵歌》、《对兵歌》、《行军歌》等口诀和歌谣，教育士兵要"敬官用命"。

就这样，袁世凯在天津小站把 7000 人的"新建陆军"练成了中国近代军事力量的核心。经过十余年的发展，使小站军人遍布全国，形成了以小站系统为核心的北洋政治军事集团，曾长期掌管民国初年的中央政权。据统计，小站走出了 5 位民国元首，他们分别是：袁世凯、冯国璋、徐世昌、曹锟、段祺瑞。还有 5 人担任了民国国务总理，有 16 人做过省长、督军以上的封疆大吏。而从小站出身而任一般将领者更难以计数。

袁世凯小站练兵，揭开了清军编练近代化的序幕，在中国近代军制史上是一个重大改革和里程碑。同时它也是袁世凯迈向中国权力中心的重要一步。

北洋崛起

——新军秋操大阅兵惊现"铁人三项赛"

1898 年 6 月 11 日，光绪皇帝颁布"定国是诏"诏书，实行变法，史称"戊戌变法"。9 月 21 日慈禧太后发动政变，历时 103 天，史称"百日维新"。 谭嗣同、林旭、杨锐、杨深秀、刘光第、康广仁等六人被逮捕处死。

一直支持维新变革的袁世凯不但没有受到牵连，而且此后仕途顺利、步步高升，事实真像传说的那样，是袁世凯出卖了光绪吗？在董福祥、聂士成、袁世凯统帅的北洋三军中，其他两军均逐渐式微，为什么唯独袁世凯的军队发展壮大了呢？

可以说，袁世凯是依靠新建陆军仕途一路升迁的；同时，新建陆军是随着袁世凯的步步高升而得以逐渐发展壮大的。

由于朝廷在新建陆军身上花费巨大，因此新建陆军受到了朝廷的格外重视，加上袁世凯练兵有方，军队面貌焕然一新、成效显著，袁世凯受到了慈禧太后等人赏识。1896 年 4 月，监察御史胡景桂参奏袁世凯"尅扣军饷，诛戮无辜"等罪名，但在兵部尚书荣禄遮掩下，袁不但没有获罪反而被提升为直隶按察使，仍专管练兵。1897 年，清政府又整饬军队，编建精锐军，分中、前、左、右、后五军，由荣禄、聂士成、马玉昆、袁世凯、董福祥五人分别率领。

◎ 1900 年，义和团杀戮西方传教士的新闻占据了欧洲媒体的大量版面，这是法国画报《小日报》发表于 7 月到 9 月间的插画。

◎西人绘制的西太后肖像。

　　1898 年 6 月，慈禧太后任命荣禄为直隶总督兼北洋大臣，统率董福祥的甘军、聂士成的武毅军和袁世凯的新建陆军，并称"北洋三军"。

　　戊戌变法后，慈禧太后为巩固京畿重地，命直隶总督荣禄为钦差大臣，节制北洋各军，组编武卫。武卫军由五支军队编成，以聂士成的武毅军为武卫前军，驻芦台；董福祥的甘军为武卫后军，驻荆州、通州；宋庆的毅军为武卫左军，驻山海关内外；袁世凯的新建陆军为武卫右军，驻小站。荣禄另募新兵万人为武卫中军，驻南苑。实际上每军各据一方，自成势力。

　　此时，袁世凯已升至工部右侍郎。虽然很多人都认为，在戊戌变法中，是袁世凯出卖维新派才导致了变法的失败。但根据后来很多的史料表明，袁世凯出卖维新派的证据并不充分，慈禧应该另有消息来源。

　　《马关条约》签订后，西方列强争先恐后，掀起瓜分中国的狂潮，都想在中国攫取更多利益。西方列国的不法恶行，激起了中国人民的反抗。1899年10月义和团运动在山东爆发后发展迅速，引起了西方列强的不满，他们要求清政府撤换山东巡抚。

1899年12月，清政府委任袁世凯为山东巡抚。袁世凯把山东原有的勇队15000人编成武卫右军先锋队，重新训练。以后又陆续将勇队改编成左翼防军、右翼防军和海防防军，部署至山东全省各地，在全省范围内对义和团进行全面弹压。山东的义和团首领王立言、王玉振、朱士和及其骨干分子全部被袁世凯击毙，义和团在山东全省消失。

1900年八国联军侵华，袁世凯在山东率兵自保，按兵不动。7月20日，八国联军侵占北京，荣禄的武卫军前、后、左、中四路几乎全部溃败，聂士成战死。袁世凯的武卫右军丝毫无损，战争结束时，袁世凯所掌控的兵力反而超过原来新建陆军的两倍以上，实力得到进一步发展。

1901年，直隶总督兼北洋大臣李鸿章因劳累过度，吐血不止而死。在李鸿章、刘坤一举荐下，就在李鸿章去世的同一天，慈禧太后电令袁世凯代理直隶总督兼北洋大臣。1902年6月实授，又赏加"太子少保"衔。袁世凯成了权倾一时的封疆大臣。

◎清廷对于义和团的态度由镇压转而支持，令国内局势处于混乱。

袁世凯出任直隶总督兼北洋大臣以后，仿照武卫右军编制创建北洋常备军右镇，后又续编为五个镇和一个京旗常备军。每镇辖步兵两协、四标、十二营约一万二千五百多人。两镇为一军。

李鸿章死后，淮军群龙无首。袁世凯在接管李鸿章在北洋经营数十年的官办企业的同时，一并把他的幕府班底也大都网罗过来。主要有：

杨士骧，安徽泗州人，进士出身，李鸿章的亲信幕僚。袁世凯奏举他为直隶布政使、山东巡抚。

杨士琦，杨士骧之弟，袁世凯让他充任洋务总文案。

孙宝琦，浙江杭县人，长期为李鸿章属吏，袁世凯奏举他任驻法、德公使。

赵秉钧，河南汝州人，擅长缉捕，袁世凯委派他创办巡警。

此外，还有梁士诒、胡惟德、陈璧、吴重熹、齐耀琳、朱家宝、张镇芳、周学熙、孙多森等。

这些淮系官僚有丰富的政治经验，得到袁世凯的提携后，他们对袁感恩戴德，誓尽肱股之力，使得袁世凯的势力得以迅速扩大。

1901年，清政府决定废除绿营制度，在全国范围内编练三十六镇新式陆军，袁世凯于1902年6月在保定成立北洋军政司（后改称督练公所），自兼督办。同年底，朝廷任命袁世凯为京旗练兵大臣，负责北方各省的新军训练。

1903年4月，荣禄病死，庆亲王奕劻入军机为领班大臣，掌握政府实权。奕劻与袁世凯素来交好，朝政方面更加倚重袁世凯。1903年12月，清廷成立了中央练兵处，统管全国的练兵。奕劻为总理练兵大臣，袁世凯为会办大臣。袁世凯自此掌管了全国的军制和军饷。

1905年，袁世凯把北洋陆军编为六镇，共约七万余人，拥有全国最精良装备。除第一镇是旗兵外，其余五镇的重要骨干，几乎都是小站练兵时袁世凯的得力干将：第一镇统制先后为铁良、凤山、何宗莲；第二镇统制先后为王英楷、马龙标、张怀芝、王占元；第三镇统制先

◎1900年8月,清军对八国联军的阻击战溃败,慈禧携光绪帝出逃西安。

◎在八国联军的监督下,清廷搜捕并处死义和团成员。

后为段祺瑞、段芝贵、曹锟;第四镇统制为吴凤岭;第五镇统制先后为吴长纯、张永成、张树元;第六镇统制先后为王士珍、赵国贤、段祺瑞。当时担任协统的有雷震春、陈光远、李纯。担任标统的有王占元、卢永祥、鲍贵卿、王怀庆、田中玉、杨善德、孟恩远、唐天喜、王振畿、赵玉珂、王同玉等。担任营管带的有何半林、陆锦、李长泰、李厚基、施从滨、阎相文等。

此外,1902年宋庆死后,武卫左军(前称毅军)也逐渐由姜桂题接管。袁世凯也把它纳入北洋系统。

在编练新军的过程中,袁世凯还创办了一批新式陆军学堂,如行营将弁学堂、北洋武备速成学堂、保定陆军小学堂。通过这些学堂,袁世凯培养了一大批具有现代军事观念的中下级军官,成为北洋军队的骨干力量。

至此,北洋军已由最初的七千多人,增长到八九万人,成为清王朝新军的劲旅。随着北洋军的扩张,逐渐形成了以袁世凯为领导的军事政治团体——北洋集团。

中国是传统的农耕大国，自古有金秋时节阅兵的惯例，称为"秋操"。这个季节，正好是一年中的农闲时节，粮食收获归仓，民众有饭吃，草盛马肥，军粮也不愁。1905 年，清帝国在河北河间举行了"河间秋操"，这是晚清

◎ 1900 年，天津洋务学堂的新兵，由外国人担任教官。

陆军参演人数最多的一次阅兵。

1906 年 10 月，在河南彰德举行了一次大阅兵。彰德秋操由袁世凯总负责，编练新军自此成了全国性行动，各省都有新军组织阅兵方阵参加演练，而且还派出了官员与有志之士前来观摩。这其中不乏喝过洋墨水的年轻海归。他们不但前来观看考察，还被袁世凯委以裁判教官之任。当时云南省派来一位 24 岁的下级军官，被袁世凯一眼相中，任命其为秋操审判员。这个气宇不凡的年轻人就是蔡锷。

秋季大阅兵不是风风光光的亮个相，而是模拟战争时的景象，要让新军真正适应战争的艰苦环境。后来，冯玉祥回忆秋操时常常抱怨："一整天没有吃饭，饿得肚里辘辘作响，又加演习时背负极重，路上泥泞油滑，士兵受的苦真是一言难尽"。士兵一天不吃饭、负重行军，很可能是当时是有意设计的考验战士生存极限的一个环节，就像现在的"铁人三项赛"。

河间秋操时还发生了一次士兵踩踏事件。一支上千人的演练队伍接到命令，赶往一处寺庙集结地宿营休整。结果，整批的队伍都挤进庙里，庙内一下子就挤满了人。而后面还有部队往里挤，人撞人，人挤人，有的士兵被挤得站在人身上，有的士兵倒地直叫唤，有的干脆蹬着人头爬到了墙上……整个队伍混乱不堪，直到长官到达后才得以平息。原来是

◎ 1911 年，无力回天的摄政王载沣（1883-1951）与溥仪（右立）、溥杰。比利时大使柯霓雅男爵摄。

事先计划安排上的失误，最多只得住二个营的寺庙，却要十多个营住进去。到彰德秋操时，演练前期的准备功课都做得比河间秋操时好得多了，各项工作都有章可循，演练部队各就各位、服从指挥，步调一致、秩序井然。

在彰德秋操的大阅兵中，有一支崭露头角的新军令大家眼前一亮，称赞其为"南方各省首屈一指"，这是哪一支新军呢？

这就是湖北新军派来的演练团队。湖北新军和领队总管黎元洪在南北新军面前着实露了一把脸。秋操前，大家普遍认为袁世凯编练的北洋新军肯定执此次秋操之牛耳。可在秋操的表演环节中，湖北新军个个英勇，枪法精准，士气高昂，军容严整。黎元洪指挥得法，一声令下，新军队列闻声而动，整齐划一，雄壮威武，一时令观摩的王公大臣刮目相看。后来黎元洪被推举为革命军湖北军政府都督，成为中国历史上唯一一个担任过两任大总统和三任副总统的人，与其在彰德秋操一举成名不无关系。

1907 年 3 月，徐世昌授任东三省总督，奏准调第三镇和两个混成协随他赴东三省，北洋势力随之延伸至东北各省。

除了编练新军，袁世凯还依照西法，在保定创办巡警局，以赵秉钧为总办，创办了巡警学堂，组织巡警队。他还以推行"新政"，改革教育、路矿、通商、外交、财政等事务，控制了直隶、山东、河南、东北等一大片地盘，使北洋集团成为清末统治阶层中实力最为雄厚的一个军事政治集团。

袁世凯集重权于一身，引起了一批满族皇亲如军机大臣、陆军部尚书铁良等的不满。袁世凯在河南彰德组织新军大阅兵，开始老百姓都躲得远远的，因为按照惯常，大批清兵出动常有扰民现象。可头几天有人看了会操，发现军纪非常严明，军人买东西一律付钱，行军中没有士兵敢出队买吃喝，一传十，十传百，当地的老百姓都赶来围观。看到袁世凯训练出来的军队排列整齐、雄壮威武，觉得为汉人争了脸。这些情景令慈禧生发担忧，新军如此训练有素，兵权掌握在汉人手中，怕不是好事。

1908 年 11 月，光绪皇帝和慈禧太后相继病死，3 岁的溥仪继位，由其父载沣摄政。摄政王载沣是光绪皇帝之弟弟，摄政王深信"戊戌政变"是袁世凯告了密，欲杀袁世凯替光绪皇帝报仇。

载沣为此征询奕劻、张之洞等人的意见。他们都极力反对杀袁世凯，认为袁世凯手握重兵，杀他将激起兵变，令政局更难驾驭。冷静下来的摄政王发布谕旨："袁世凯现患足疾，步履维艰，难胜职任，袁世凯着即开缺，回籍养疴。"1909 年 1 月 6 日，曾经威风八面的袁世凯，黯然离京回豫。

众望所归

—— 谁来收拾辛亥年的一地鸡毛

　　1911 年 10 月 10 日晚，湖北新军工程第八营革命党人打响武昌起义的第一枪，占领楚望台军械库。各营纷起响应，攻占了凤凰山、蛇山等要地。11 日天明，起义军攻克总督署，占领武昌全城。同日，湖北军政府成立，新军第二十一混成协统黎元洪被推为都督。12 日，起义军克复汉阳、汉口。这便是有名的"武昌起义"。之后，湖南、陕西等省纷纷起来响应，形成了全国规模的"辛亥革命"。

　　武昌起义中，身为湖北新军协统的黎元洪本应该成为革命者的刀下之鬼，为何却被推为大都督？袁世凯复出后，凭借北洋军队的战斗力，本可以一举拿下武汉，进而摧毁盘踞在南方革命党，救大清王朝大厦之将倾，他为什么下令停止进攻？他心目中的中国政治版图是什么样的呢？

　　1911 年 5 月，清政府将川汉、粤汉铁路收归国有，并与英、法、德、美四国银行团签订借款合同，出卖铁路修筑权。6 月，四川成立保路运动同志会，在和平请愿遭到镇压后，保路运动演变成反清武装斗争。9 月 2 日，清政府派川汉、粤汉铁路大臣端方率湖北新军入川镇压。湖北的革命团体文学社、共进会乘武昌清军兵力空虚，在军事总指挥蒋翊武，参谋长孙武的领导下，策动武装起义。起义军掌控武汉三镇后，湖北军政府成立。

◎日本人所绘中国辛亥革命图集。

◎ 1911年，黎元洪（右一）及参谋在战场与清军作战。

这时，一个棘手的问题摆到了革命党的面前：指挥起义的首领们如孙武、刘公等人都职历太浅，不能服众，在关键时刻不能掌控局面；有声望的革命首领如宋教仁、黄兴等人又远在外地，鞭长莫及。一时间，革命士兵几乎陷入了群龙无首的境地。

黎元洪在武汉乃至湖北有着崇高的威信，不但才智过人、思想开明，而且宅心仁厚，能够被革命党内各方接受。革命党人决定由他出任军政府的都督。

而此时的黎元洪正躲在幕友刘文吉家中，惶惶不可终日。当革命党找到他并请他出面时，黎元洪对此十分害怕，起初不愿接受，最后半推半就当上湖北军政府临时大都督。

最开始，在革命军的眼中，选择黎元洪不过是权宜之计，请他当大都督，只是借他的声望方便行事而已。10月15日，武昌首义后的第五天，革命党人通过了《武昌军政府组织条例》，它规定：都督是唯一的领导人，军事和民事都由都督统辖。从此，湖北的军政权力开始向黎元洪手中转移，傀儡摇身变成了真大王！

◎伍廷芳 (1842–1922) 曾任清国驻美公使。南北和谈期间他担任南方总代表。

辛亥革命风起云涌，清王朝岌岌可危。由于南方新军大部分都倒向革命，清廷把希望寄托在北洋军身上。清政府急令冯国璋率北洋军南下镇压。冯国璋南下途中，先到彰德秘密会见在此已经归隐三年之久的袁世凯，向他请示。袁世凯告之以"慢慢走，等着瞧"六字秘诀。冯国璋心领神会，北洋军停留在信阳和孝感之间，不认真执行清廷发布的进攻汉口的命令，行动非常缓慢。

此时武昌前线清军军事连续失利，而各省接连宣布独立，清政府感到情势日呈不稳。奕劻、那桐、徐世昌一致主张起用袁世凯，以挽救清廷危局。同时，西方列强也向朝廷施压，希望起用袁世凯。

清政府终于被迫答应袁世凯提出的六项条件，先后任命袁世凯为湖广总督、钦差大臣、内阁总理大臣，袁世凯又重新掌握了军政大权。

◎ 1912年"袁世凯公举为中华民国第一任大总统"的五色旗明信片。

　　袁世凯一上任，就亲自去武汉督战。在他11月1日抵达湖北孝感的当日，冯国璋即攻占汉口。正当冯国璋计划一鼓作气攻下武汉时，袁世凯却命令各军停止前进，派刘承恩和蔡廷干到武汉和革命党议和。由于双方在立宪和共和上分歧太大，第一次接触即以失败告终。

　　11月17日，冯国璋向李纯下达进攻汉阳的命令，27日下午，攻克汉阳。汉口、汉阳得手后，冯国璋欲乘胜渡江，攻取武昌，又被袁世凯制止。

　　其实，袁世凯的真正目的是一方面集中兵力给予南方革命党以打击，造成军事压力，迫使南方革命势力让步；另一方面，向清廷显示他有力量平定战乱，增加清廷对北洋军的信心及依赖度。

　　在各国领事居间调停下，12月1日，南北双方达成停战协议。12月2日，独立各省的代表共三十九人集中南京，通过了《中华民国临时政府组织大纲》，确定南京为临时政府所在地，实行总统共和制。

12月6日，隆裕太后发懿旨，摄政王载沣退归藩邸，不再预政。12月7日，隆裕再颁懿旨，任命袁世凯为全权大臣，并"由该大臣委托代表人驰赴南方，切实讨论，以定大局"。

"南北和谈"自1911年12月17日始，至1912年2月5日"优待清室条件"确定为止，历时近50天，过程异常艰难和曲折。

在南北双方经过国体之争，选择了共和制之后，又达成"谁先让清帝退位，即举谁为大总统"的协议。就在和谈的结果正朝着双方都能接受的目标靠近时，1912年元旦，孙中山在南京宣誓就任中华民国临时大总统，发布了《临时大总统宣言书》和《告全国同胞书》，下令定国号为"中华民国"，正式组成中华民国临时政府。国内形势发生急剧变化，和谈也由此发生转折。

由于黎元洪、黄兴等和袁世凯已达成协议，一旦袁世凯赞成共和，即拥立其为大总统。因此，袁世凯对孙中山出任临时大总统大为光火。遂以唐绍仪与南方代表"会议各条约，未先与本大臣商明，遽行签订，本大臣以其中有必须声明及碍难实行各节"为由，迫使唐绍仪辞职。袁世凯一面直接与南方总代表伍廷芳交涉，一面令北洋将领联名通电，称"不

◎ 1912 年 1 月 1 日，上海各界欢送孙中山赴南京就任临时大总统。孙左侧戴眼镜者为胡汉民。

惜以干戈相见"，"誓不承认"中华共和制度，给革命党施压。

孙中山的革命党打不过袁世凯的北洋系，这一点孙中山和袁世凯都心知肚明。孙中山审时度势后给袁世凯答复："如清帝实行退位，宣布共和，则临时政府绝不食言，文则可正式宣布解职，以功以能，首推袁氏。"保证只要袁世凯宣布赞成共和，使清帝退位，孙中山将让出临时大总统职位给袁世凯。

1912 年 2 月 12 日，袁世凯迫使隆裕皇太后及摄政王载沣宣布清宣统帝退位。2 月 13 日，袁世凯致电南京临时政府宣布共和。同日，孙中山向临时参议院辞职并推荐袁世凯继任临时大总统。2 月 15 日，临时参议院选举袁世凯为临时大总统。

经过迁都之争和京保津兵变，3 月 10 日，袁世

◎经过谈判与一系列摩擦，孙中山卸任临时大总统，袁世凯在北京就任中华民国大总统一职。

凯在北京宣誓就任临时大总统。次日，孙中山公布了南京临时参议院通过的《中华民国临时约法》，主要内容是改总统制为责任内阁制，扩大了参议院的权力。这也为之后袁世凯与国民党的权力之争导致中国政局动荡不安埋下了伏笔。

孙中山在公布了《临时约法》之后，于4月1日正式辞去临时大总统职务。存在了20多天的同时有两个临时总统的政局也正式结束。

袁世凯当上中华民国临时大总统以后，继续进行了军事改革，调整了军事机构、更新军队编制。为了进一步培养军事人才，他指令陆军部于1912年7月初建立了保定陆军军官学校。1923年8月停办，毕业学员共计6523人。蒋介石、陈诚、白崇禧、张治中、蒋光鼐、蔡廷锴、傅作义等一大批国民党的高级将领，均为该校毕业生。

一山二虎
—— 惊天谋杀案引发的"二次革命"

1913 年 3 月 20 日晚 10 点，奉袁世凯电召北上的宋教仁在上海北站检票口突遭枪击，22 日凌晨不治身亡。在随后的调查中，抓获主谋江苏巡查长应桂馨及直接凶手武士英，进一步牵扯到内务部秘书洪祖述和时任内阁总理的赵秉钧，随后武士英死在狱中，应桂馨越狱而逃，赵秉钧突然暴毙而亡，使得案件不了了之。

调查到最后，没有直接证据证明此次暗杀行动受命于袁世凯，但整个社会舆论对袁世凯非常不利，为什么很多人都认为袁世凯才是幕后真正的元凶？

孙中山在宋案事实真相还没有弄清楚的情况下，为什么执意发动"二次革命"？孙中山之前本来同意"善后大借款"，但为什么之后又以此为作为讨伐袁世凯的理由呢？

宋教仁被刺后，黄兴也认定袁世凯是凶手，在他给宋教仁的挽联中写道：

> 前年杀吴禄贞，去年杀张振武，今年又杀宋教仁；
> 你说是应桂馨，他说是洪述祖，我说确是袁世凯。

1913 年 3 月 26 日，孙中山从日本赶回上海，召集国民党人紧急会议，以宋案为由，主张武装讨袁。然而，国民党内部却意见不一，黄兴、

◎国民党秘书长宋教仁（1882-1913）。

陈其美等主张"法律解决"，有些任议员的国民党人主张在国会内联合其他议员进行倒袁活动。

民国初年，中央财政十分拮据，库空如洗，不得不赖借款度日。4月，袁世凯与英、法、德、日、俄五国签订了"善后大借款"：借款总额2500万英镑；以盐税、关税及直隶、山东、河南、江苏四省的中央税担保；借款期内，中国政府不得向五国银行团以外任何银行团借款，借款用途需经过批准。

"善后大借款"遭到国民党多数议员的反对，但由于进步党等其他议员的不配合，使得表决大借款案暂时搁浅。

于是，在孙中山的授意下，国民党通电全国各省都督，要求不要承认政府的借款。5月初，国民党员江西都督李烈钧、广东都督胡汉民、安徽都督柏文蔚通电反对贷款。黎元洪居中斡旋，希望化解北京及国民党之争，未果。

◎上海都督陈其美 (1878–1916)。

◎陈其美戎装照。

6月，袁世凯免除江西都督李烈钧、广东都督胡汉民、安徽都督柏文蔚三人的都督职务。之后，命北洋军第六师李纯部进入江西。

孙中山决定发动"二次革命"讨袁，拉开了民国历史上的第一次内战的大幕。

1913年7月12日，被免职的李烈钧在孙中山指示下，从上海回到江西湖口，发动当地驻军起义，占领了湖口炮台。并在湖口召开誓师大会，宣布江西独立，并发表电告讨袁：

> 民国自肇造以来，凡我国民，莫不欲达真正共和目的。袁世凯乘时窃柄，帝制自为，灭绝人道，暗杀元勋，挤毁《约法》，而擅借巨款。金钱有灵，即舆论公道可收买。近复盛署兴师，蹂躏赣省，以兵威劫天下，视吾民若寇仇，实属有负国民之托。我国民宜亟起自卫，与天下共击之。

湖口誓师，标志着国民党又一次武装起义开始了。

李烈钧到湖口后，暗招德安混成旅旅长林虎率兵援助湖口，不想被李纯堵在途中，经过一天的激战，林虎败退而去。李烈钧仍然坚守湖口。

湖口之战打响之后，7月15日，黄兴在南京强迫江苏都督程德全宣布

◎讨袁领袖黄兴 (1874–1916)。

江苏独立,并推举程德全为南军司令,但程弃职,逃遁上海,黄兴被推举为江苏讨袁总司令,随即致电西南各省,号召起兵反袁。随后安徽柏文蔚、上海陈其美、湖南谭延闿、福建许崇智和孙道仁、四川熊克武亦宣布独立。浙江朱瑞、云南蔡锷中立。7月18日,陈炯明响应孙中山号召宣布"广东独立"。

袁世凯在北京接到各地告急文书,遂任命段芝贵为江西宣抚使兼第一军军长,督率李纯、王占元负责湖北、江西战场,又派海军次长汤芗铭率领长江舰队攻击湖口、九江等地;任命冯国璋为江淮宣抚使兼第二军军长,督率张勋、杨善德、施从滨、雷震春、倪嗣冲各部沿津浦路南下,攻打南京;命海军中将郑汝成率兵进驻上海江南制造局,命驻沪海军司令李鼎新增调两艘军舰驶进上海。

赣宁战争随即全面爆发。

张勋在长途行军途中在韩庄与黄兴派来的宁军相遇,两军打了一场遭遇战,枪来炮往、异常惨烈,酣战一昼夜,宁军终于抵挡不住,大败而逃。接着,张勋又率部击败前来增援的徐州第3师,乘机攻占徐州。

北洋军集结九江口,对湖口形成合围之势。李烈钧身陷重围,孤军固守湖口。团长周璧阶率部投降。李烈钧更加惶恐,飞书四处求援而不得,最终只得放弃湖口,乘船逃走。7月25日,北洋军占领湖口。段芝贵、李纯攻占湖口后,率军直捣南昌,8月18日,李烈钧孤军奋战,寡不敌众,不得不放弃南昌,仓皇出逃。江西讨袁军队全线瓦解。

上海陈其美游说郑汝城不成,调集军队,攻打制造局。郑汝城在李

鼎新火力支援下，从 22 日晚开战到 25 日，打退陈其美对制造局的三次
猛攻。陈其美在得到 2000 援兵后，组织第四次攻击，结果又大败而归。
无奈之下，把司令部迁往闸北。8 月 13 日，刘冠雄、郑汝城收复吴淞口。

　　黄兴在南京接到江西、徐州、上海三路人马屡战屡败的消息，知道
败局已定。7 月 28 日半夜，弃职出走，乘船去了上海，又转道吴淞口，
在吴淞口歇了一晚，第二天，没有和任何人告别，登上东洋商船，逃亡
日本。南京取消独立。

◎民国时期江西督军李纯 (1874–1920)（南开大学创办人）。

革命党人何海鸣利用杜淮川出城迎接张勋和冯国璋之际，趁机带领百余名党众闯进南京城，占领总督府，并宣布南京恢复独立，自封讨袁总司令。随后，被第8师师长陈之骥关进大牢，独立只经历6个小时便草草收场。

就在陈之骥过江迎接冯国璋时，8月11日，何海鸣被同乡放出大牢，再次宣布南京独立，并派兵把守城外的狮子山炮台。

安徽柏文蔚入据安庆后，北洋倪嗣冲已经攻克寿州。这时，胡万泰突然临阵易帜，宣布脱离柏文蔚，自树一旗。柏文蔚乘船逃亡芜湖，很快又去了南京。胡万泰当天便通电取消独立。8月28日，北洋倪嗣冲部队抵达安庆，收复安徽。

福建都督孙道仁听说江西、安徽相继失败，立即转向，把所有的罪责推到师长许崇智身上，把许驱逐出境，立即取消独立，并解散讨袁同盟会。

广东第2师师长苏慎初率兵赶走了陈炯明，宣布取消独立。袁世凯命龙济光为广东省都督兼职民政长。龙济光进城后，接管广东军政，广东又恢复了平静。

湖南都督谭延闿得知各省相继沦陷，知道国民党大势已去，宣布湖南取消独立。长江巡阅使谭人凤听到风声，也逃之夭夭。湖南也平静下来。

◎湖南都督谭延闿。

◎广东都督府参谋长邓铿。

◎武昌首义功臣孙武。

◎辫帅张勋（1854—1923）。

　　至此，长江上下游，熊克武占据重庆，何海鸣还占据南京。何海鸣不知兵，推举张尧卿为都督，指挥战斗。8月17日，张勋攻占天堡城，乘胜攻打雨花台。柏文蔚命令军队抄到张勋背后，偷袭并重新夺回天堡城。此后，天堡城五次易手，战斗异常惨烈，城外尸体堆积如山，来不及掩埋，经烈日暴晒，臭气熏天。张尧卿触目惊心，卸职不干，将都督让给了柏文蔚。柏文蔚只坚持了一天，便带着自己的随从出城逃走了。9月1日，北洋军攻进太平门。何海鸣见大势已去，混在溃散的队伍里，从南门逃走。北洋军收复南京。

　　袁世凯命黎元洪调兵，会合云南、贵州、湖南三省助剿重庆。重庆的熊克武只有一个师的兵力，在重兵压境之下，于9月12日被迫下台，重庆取消独立。

在北洋军强大的武力打击之下，讨袁运动不到两个月的时间就土崩瓦解了。各地宣布取消独立。孙中山、黄兴、陈其美等被通缉，相继逃亡，国民党的二次革命宣告失败。

国民党二次革命的失败，原因是多方面的。军事实力差距太大固然是其中的原因之一，但其中一个重要原因就是没有赢得广泛社会力量的支持，当时大部分国人公开反对国民党的武力暴行，以致二次革命中并没有出现"振臂一呼而响者云集"的场面，属于失道寡助之列。

虽然辛亥革命是南方革命党人发起的一场暴力革命，但就经过和最终结果来讲，倒不如说是一场在袁世凯主导下的政权和平更迭，军事冲突控制在了非常小的范围内（仅仅在武汉），"兵不血刃"就结束了中国长达两千多年的封建统治。民国建立后，民主气息渐浓，反对武力解决问题更是成为当时国内的普遍舆论，因此，以"宋教仁被刺案"、"善后大借款"案为借口发动一次国内战争的预想，遭到了大多数人的反对。

一直跟踪报道"宋教仁被刺案"并认定袁世凯为主谋的著名记者徐血儿在《民立报》上发表文章指出："今日已为民国，苟对于民国而谋乱，即是自绝于国，罪在不赦。即政府为恶，法律与国会，终应有解决之能力，无俟谋乱，以扰苍生。故谋乱之事，为商民所疾视，亦明达所屏弃也。"反对"二次革命"。

同盟会会员梁漱溟在一次公开演讲中说："现在很清楚摆在外面的，就是武人势力的局面。至于说到助长这种武人势力的原因，却不能不责备革命先辈，他们无论如何，不应用二次革命那种手段。二次革命实在是以武力为政争的开端。从此以后，凡是要为政治活动的，总要去奔走武人的门下，武人的威权从此一步一步的增长，到现在而达极点。"

在后来全力反对袁世凯称帝制的云南都督蔡锷，当时也公开声明："宋案应以法律为制裁，故审判之结果如何，自有法律判判。试问我国现势，弱息仅存，邦人君子方将戮力同心，相与救亡之不暇，岂堪同室操戈，自召分裂！谁为祸首，即属仇雠。万一有人发难，当视为全国公敌。"

国民党内激烈派的武装反袁遭到了社会各界的普遍反对，甚至有人直接指斥他们是以反袁为借口，实质上是为了争取更大的权力，还有人骂他们用革命的名义绑架全国人民，所谓的"二次革命"根本不配叫"革命"。当时美国《纽约时报》也在社论中认为：那些举兵反袁的人，"与其说是人民对北京政府的不满的起义，不如说是失意政客、干禄之徒要自行上台的一种努力"。

"二次革命"也许就是"错误的人在错误的时间发动的一场错误的战争"，从一开始就注定了它失败的命运。

二次革命是孙中山以"宋教仁案"和"善后大借款"为由发起的讨伐袁世凯的一场战争，事实上也是孙中山及国民党在辛亥革命之后试图重新走向政治前台的一次努力和尝试。孙中山的二次革命失败后，国民党自废武功，袁世凯自此没有制衡自己北洋系的政治力量，原本两股政治力量支撑起来的脆弱的民国民主政体就此失去平衡，共和中国自此渐行渐远。

危机四伏

—— 袁世凯太极妙招将二十一条化掉十条

1914年6月28日，第一次世界大战爆发，德国陷入大战中。9月1日，日本乘机向在华德军开战，日德战争爆发。双方激战两个月后，日军大胜占领山东，夺取了德国在华的侵略权益。

在日本占领山东后，中国民众要求收回山东主权的呼声及排日活动声势愈发浩大，中日摩擦频发。对于日本发来的抗议，袁世凯政府都不予理会。

野心勃勃的日本为了使继承德国在华的既得利益合法化及谋取更大的侵华利益，1915年1月8日，日本驻华公使日置益向袁世凯抛出了日本政府对华二十一条要求。依照要求，日本不仅要把山东和东北变为它的殖民地，还要把整个中国变成它的保护国。

这就是臭名昭著的"二十一条"，这些条款是以内田良平的《对华问题解决意见书》为蓝本，该蓝本具有清晰的侵华步骤和计划蓝图。

至此，日本提出"二十一条"的狼子野心，昭然若揭。

在收到"二十一条"后，一直被视为亲日的袁世凯是什么样的态度呢？

曾叔度，时任国务院参议兼大总统府秘书，作为当时的亲历者，他在《我所经手的"二十一条"内幕》里写道：袁世凯开始看到"二十一条"后震怒异常，当即决定全部驳回，一个字都不能答应。

◎拒绝在巴黎和会上签字出卖主权的中国代表陆征祥 (1871–1949)。

但袁世凯很快冷静下来，开始陷入沉思。

他清楚地意识到：倘若不接受"二十一条"，一旦交战，西方国家正陷入世界大战中，肯定无暇顾及，中国抗日将孤立无援，他面对的将是两个敌人：一个是比中国强大得多的日本，另一个是日本武装支持的孙中山革命党。

日方警告袁世凯，这是一个秘密条约，必须从速商定，不能外泄。如果中国不答应，日本就要效仿甲午年海陆并进，大举进攻中国。

袁世凯随后不动声色地对日本驻华公使日置益表示，事关交涉事宜，必须由外交部主管办理，打发走日本公使后，袁世凯立即召集紧急会议，梁启超、蔡锷等人都参与了讨论对策。

这一事件无疑是袁世凯从政以来最为严重的外交危机。

袁世凯采取的第一个措施就是利用各种渠道摸清日方的底牌。他甚至派人花重金收买日本间谍，收集日方情报，以在谈判中争取主动。

从现存档案的"二十一条"的批示上不难看出，袁世凯批示得非常详细，逐条圈注，反复斟酌。

袁世凯多次亲自参与谈判，据理力争。然而日本极其强硬不做任何让步。袁世凯的策略转为消极拖延。他指示中方代表在谈判中想尽方法拖延时间。随后又以国家初建事务繁忙，提出每周只能谈判一次。在会议上，他甚至让陆征祥拖延喝茶的时间，尽量减少商议的事项。

不久，袁世凯通过各种渠道了解到，日本提出"二十一条"一事并没有正式经过御前会议认可，袁世凯果断将"二十一条"的内容故意泄露出去，不仅国人哗然，在日本乃至国际上都引起了轩然大波。

在美国，"二十一条"成为了当日报纸的头条新闻，美国政府开始对中日谈判进行干涉。谈判有第三方介入后，很多内容就得重新再谈。

就这样，袁世凯又成功地拖延了四个月。

日本试图与中国秘密闪电签约的计划成为泡影。

不久日本间谍传来情报，日本政府迫于民意压力，调整谈判底线为：（一）日本在满洲内地杂居；（二）日本人得在满洲租地种地；（三）满洲警察局须聘雇日本人为顾问。当有人质疑情报可靠性时，袁世凯断然说："这个报告是真的。我同日本人办交涉数十年，他们的性情，我

◎日本右翼组织"黑龙会"创始人内田良平（前排右一）与孙中山（二排右三）。

知之熟矣。他们性急，喜欢痛快。"袁世凯随即组织研究有针对性地调整谈判策略。

日本方面最后放到谈判桌上的"二十一条"内容，与袁世凯收到的情报，几乎完全相同。

而中国仍然没有立即签约的意思。

完全失去耐心的日本马上就在东北、福建沿海等地增兵，发出最后通牒，限中国在48小时之内答复，否则就使用武力并支持孙文革命党。

针对最后通牒，袁世凯召集各部门首长开会，他悲愤陈词，称国力未充，难以兵戎相见，只能暂时屈辱，不然，十年之后，非但不能与日本一较高下，亡国危险更甚今日。

1915年5月9日，中方代表将条约最终修订版交给了日本公使，危机暂时化解。经历四个多月25次的艰苦谈判，尽管属于城下之盟，但条约内容与最初已经相去甚远。最

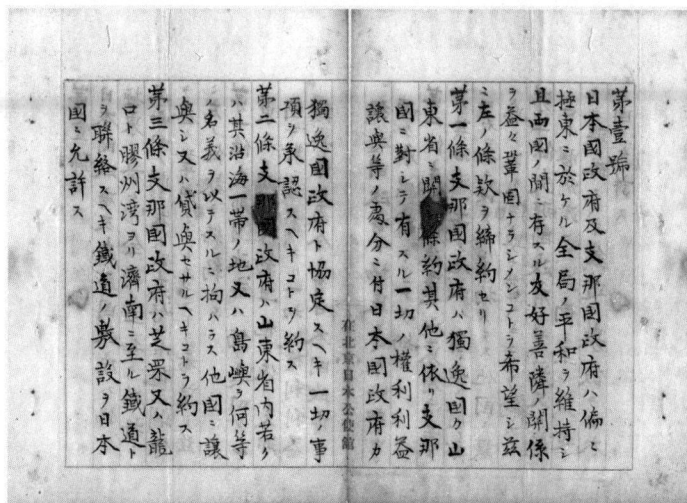

◎日本公使日置益提出的"二十一条"日文原件。

终修订版不仅删除很多条款，其他很多条文也变成了"留待日后磋商"，最后中日签订的"二十一条"实际上只有十一条。

那么在签订了十一条条款后，袁世凯又是如何应付急于实施条约的日本人的呢？

袁世凯深思熟虑，早有预案，例如已签订了的条款中涉及允许南满等地区中国人日本人杂居以及杂居地商租权问题、聘请日本顾问问题，袁世凯就曾说："购买租地，我叫他一寸土地也买不走；杂居，我叫他一走出附属地，就会有生命危险；日本顾问，一个月给他两个钱，至于顾不顾，问不问，权力在我手。"

袁世凯政府签约后想尽方法限制日本在中国使用这十一条，抵制日本人在中国的侵略行径。在袁世凯暗中主导下，中国民情沸腾，纷纷抵制日货，致使日本不仅在经济上受到重大损失，国际声誉上也遭受重创。

正如旅美历史学家唐德刚所评价的：日本虽然费尽心机提出灭亡中国的"二十一条"要求，但后来以雷声大、雨点小而草草收场，并被弄得臭名昭著，为天下人耻笑。日本试图将中国变为日本的"保护国"的阴谋彻底破产。

不可否认，"二十一条"是中国历史上的一次重大外交耻辱，所谓弱国无外交，袁世凯在谈判中所做的牺牲和让步，属于委曲求全的屈辱外交，并非完全卖国性质。

忍辱负重、智斗日本的袁世凯，最终还是因"二十一条"被历史误判为卖国贼。

这不是他一个人的悲剧！而是民国的悲剧、民族的悲剧！

面对这种悲剧，我们需要的是心灵的悲悯、理性的思维、文化的反省和制度的重建。

零和博弈

—— 倒下的集团大佬怨叹"他害了我"

二次革命之后，袁世凯完成了中国形式上的统一。袁世凯由临时大总统到正式总统，进而成为终身总统，总统的权力越来越大。《修正大总统法》，规定大总统任期10年，连选连任无限制；总统继任人由现任总统推荐，被推荐者并无限制。大总统已经成为事实上的"皇帝"，袁世凯为什么非要称帝呢？而袁世凯所称的皇帝，并非中国传统意义上的皇帝，二者有什么区别呢？曾在二次革命中为袁世凯尽心尽力的北洋军及其亲信将领，为何在蔡锷发动的护国战争中又舍他而去了呢？

1915年12月11日，民国参政院会议，全票通过了实行"君主立宪"制，和"恭戴今大总统袁世凯为中华帝国皇帝"的"拥戴书"，固请袁世凯称帝。

12日一早，袁世凯申令说道："天下兴亡，匹夫有责，予之爱国，讵在人后？但亿兆推戴，责任重大，应如何厚利民生，应如何振兴国势，应如何刷新政治，跻进文明，种种措置，岂于薄德鲜能所克负荷！前次掬诚陈述，本非故为谦让，实因惴惕文蒙，有不能自己者也。乃国民责备愈严，期望愈切，竟使子无以自解，并无可诿避。"最终接受皇帝之尊号，准备成立中华帝国，1916年为洪宪元年，行君主立宪政体，把"总统府"改为"新华宫"。

◎袁世凯于1913年10月10日正式就任中华民国大总统之后，各国驻华使节观见合影。

但是，就在袁世凯准备登上皇帝宝座的时候，已遭到全国人民及各派政治力量的强烈反对。

以孙中山为首的中华革命党宣布"恢复民主共和制度"，策划各地武装起义，但由于内部组织无力，没有形成有效的反袁力量。

以梁启超为首的民主派进步党人便掌握了反袁运动的领导权。

1915年12月初，梁启超的学生、原云南都督蔡锷以治疗喉疾为由，从天津东渡日本，再乘轮经台湾抵达香港，然后潜回云南，策动都督唐继尧及国民党人、原江西都督李烈钧等共同讨袁。24日，在云南护国寺召开军事会议，组织讨袁军，因寺而取名护国军。

护国军由三个军组成：蔡锷任第一军总司令，攻四川；李烈钧任第二军总司令，经滇南攻广州；唐继尧任第三军总司令，经贵州攻湘西。25日，正式通电宣布云南独立，发布讨袁檄文，拉开了护国战争序幕。与此同时，贵州的黔军加入到武装倒袁的行列。

1915年12月29日，袁世凯下令将唐继尧、李烈钧、蔡锷等革职查办。1916年1月5日又颁布讨伐令，对云南护国军正式用兵，在新华宫设立"临时军务处"，亲自主持布置三路进剿云南的计划：

第一路，第三师师长曹锟、第七师师长张敬尧、第八师师长李长泰所部赴四川，作为正面攻滇主力。兵力约4.5万人。

第二路，第六师师长马继曾、第二十师师长范国璋、第七混成旅旅长唐天喜入湘西。兵力约2.6万人。

第三路，粤军第一师师长龙觐光由广西入贵州，另由安徽调倪毓棻所属的安武军由湘西入黔，从侧面攻击。任命曹锟为川、湘两路征滇军总司令，统一指挥川、滇前线的战争。

交战伊始，1月21日，护国军第一梯团第一、二两支队在邓泰中带领下，浴血奋战，攻克位于长江上游的川西重镇叙府，取得讨袁的第一场胜利。2月中旬，护国军与北洋军在泸州、纳溪一带进行了一场恶战，给曹锟师吴佩孚旅以重创。

◎支持君主立宪制的名士杨度
(1875–1932)。

◎冯国璋和滇军创始人唐继尧 (1883–1927)。

◎护国军第一军总司令蔡锷 (1882–1916)。

◎护国军第二军总司令李烈钧 (1882–1946)。

　　由于双方兵力相差悬殊，护国军后勤保障不足，粮弹匮乏，战争中形势几度出现危机。

　　蔡锷所率护国军共 3130 人，所带饷粮不够两个月伙食津贴之用，与曹锟、张敬尧所部数万人苦战于叙州、泸州等地。蔡锷数次向坐镇后方的唐继尧求援，唐继尧对前方坐视不顾。尽管如此，护国军仍能"士气坚定，上下一心"，虽风餐露宿，也毫不气馁。在护国军的顽强打击下，张敬尧部处于"万分紧急状态"。护国军虽然没有达到夺取四川的目的，但北洋军也未能有所进取，这是护国军浴血奋战的结果。

　　不久，形势发生变化。陆荣廷于 3 月 15 日在柳州宣布广西独立讨袁，自兼两广护国军总司令，任命梁启超为总参谋长。云南护国军趁势向龙觐光发动反攻，包围龙觐光指挥部，迫使龙觐光缴械投降。这样不仅使袁世凯试图形成对川、滇、黔采取合围的战略破产，而且云南、贵州、广西连成一片，直接威胁到了广东、四川和湖南。

护国军声势大振，战情出现转机。这时，日本等西方列强对袁世凯也表示不支持和爱莫能助的态度，使袁世凯在外交上又受挫折。同时，被袁世凯视为心腹的冯国璋、李纯、靳云鹏、朱瑞等又密电取消帝制，段祺瑞托病请假赴西山。军事受挫，部属反目，使袁世凯陷入四面楚歌中，被迫于1916年3月22日宣布撤销帝制。

袁世凯虽然取消帝制，但还是现任大总统。但护国军称袁世凯称帝是叛国罪人，不适合再当总统，要他辞职。

4月间，护国军迫使广东督军龙济光宣布独立，西南各派反袁力量于5月8日在广东肇庆组织护国军军务院，代行国务院职权。唐继尧任抚军长，岑春煊任副抚军长；梁启超、刘显世、陆荣廷、龙济光、蔡锷、李烈钧、陈炳焜、戴戡、罗佩金、吕公望、刘存厚、李鼎新等任抚军；梁启超兼政务委员长，章士钊为秘书长，唐绍仪为外交专使。

不久，各省相继独立，最后，连袁世凯的忠实心腹陕西督军陈树藩、四川督军陈宧、湖南督军汤芗铭，也先后宣布三省独立。

袁世凯复辟帝制，弄得众叛亲离，四面楚歌，特别是几乎每天向他表态誓死效忠心的"二陈汤"也叛变后，袁世凯忧怒成疾，1916年6月6日郁郁而终，时年57岁。他临死时说自己死不足惜，只为天下人心惜。

实际上袁世凯称帝试图推行的是君主立宪体制，与君主专制是两种完全不同的国家制度。中国的传统帝制是皇权极权，皇帝集所有权力于一身。君主立宪则由皇室内阁、议会、司法三极组成，本质上是民主制度，如英国、日本。从诸多历史实情来看，袁世凯并不是皇权主义者，而是一个民主派。辛亥革命中国确立了共和政体之后，袁世凯亲身体会到了共和之弊端，袁世凯试图重新捡起他一直推崇的君主立宪政体。

而当时支持君主立宪的大有人在，如杨度、严复、刘师培、孙毓筠、李燮和、胡瑛等。同盟会和国民党一些骨干也拥护君主立宪，认为君主立宪更适合当时中国的国情，相比而言君主立宪制优于共和制，而君主立宪与民主共和并不矛盾。

◎护国军军务院在肇庆之主干。自右至左：高尔登、李耀汉、李烈钧、梁启超、岑春煊、谭浩明、莫荣新、蒋方震、李根源、林虎。

　　袁世凯并拟定《新皇室规范》，其中包括"自亲王以下至于宗室，犯法治罪与庶民一律；亲王、郡王可以为海陆军官，但不得组织政党并担任重要政治官员；永废太监制度；永废宫女采选制度；永废各方进呈贡品制度；凡皇室亲属不得经营商业，与庶民争利。"

　　可见，袁世凯所称的"皇帝"，是和中国传统意义上的"皇上"有很大区别的。袁世凯称帝还有一个重要的想法，就是袁世凯发现共和后的中国非但没有变好，反而越来越混乱，已经出现政令不出北京城的现象，不实行中央集权，不向地方上收权，此状也绝对是难以为继的。但袁世凯却选择了通过称帝的途径，以强化自己的权威，使得各地实力派先是纷纷劝进，集体努力将袁世凯置于火炉上，后见到袁世凯果真顺从上位称帝后，就迅速以此为借口造反。可惜袁世凯危急关头，偏偏被气死了，于是民国便分崩离析。根据当时的局势，如果袁世凯不死，凭借他的威望和能力，一定可以平定各地兴兵。

　　袁世凯在临死之前，曾吃力地吐出四个字："他害了我。"这个"他"是谁呢？杨度还是长子袁克文？我们不得而知！但是我们可以清楚地发现，袁世凯去世后，中国再无强人可以支撑起民国的危机，民国自此成为一盘散沙，陷入长时期的一片混乱，虎视眈眈的日本已悄然在东北为全面侵华布局。

◎蔡锷《行书五言联》。

壮志未遂

——"窃国大盗"还是"曲线救国"

　　"袁大头"何以成为"冤大头"？这是 2013 年历史畅销书《北洋大时代》第一部里，一个很醒目的章节名称，该书对袁世凯生平事迹首次作了较为客观的描述和积极正面的评价，引起了广泛关注。

　　作为中国近代历史上争议最大的人物之一，有人痛骂他是"窃国大盗"，有人指斥他"丧权辱国"，有人认定他"曲线救国"。所谓的"袁大头"，实质上是个"冤大头"！

　　那么袁世凯到底是个什么样的人呢？

　　袁世凯年少得志，年轻时曾参与入朝平叛，维护了清王朝在朝鲜的宗主国地位，并自那时起就与日本展开了全面对抗。当上民国总统之后，还挫败过俄国策动外蒙独立的阴谋。

　　袁世凯在维护民族利益和国家主权方面做出过很多贡献。

　　1882 年，朝鲜发生壬午事变，23 岁的袁世凯跟随吴长庆的部队抵达朝鲜，吴长庆命袁世凯"密为布置"，诱捕了大院君，星月登上军舰，押往天津，扶持了李熙掌权，实现了清政府对朝鲜的全面控制，有效阻止日本军队进入朝鲜。随后，袁世凯以"驻扎朝鲜总理交涉通商事宜大臣"身份协助朝鲜训练新军并控制税务，因屡建奇功，为朝鲜国王所依重。

◎民国成立之初，袁世凯政府为了换取沙俄的支持，权衡之下，在外蒙是"中国领土的一部分"和"承认中国宗主权"的前提下同意了外蒙的自治。而实际上这种"自治"实际等同于将外蒙置于沙俄的保护之下。1915年6月7日，中、俄、蒙三方代表在恰克图签订了《中俄蒙协约》，又称《恰克图协约》。其中代表中国的是"大中华民国大总统特派都统衔"毕桂芳和"少卿衔上大夫驻墨西哥特命全权公使"陈篆，俄方代表是"大俄罗斯帝国大皇帝特派驻蒙古外交官兼总领事国务正参议官"亚力山大·密勒尔，代表外蒙的是"外蒙古博克多哲布尊丹巴呼图克图汗特派司法副司长额尔德尼卓囊贝子"希尔宁达木定和"财务长土谢图亲王"察克都尔札布。这张照片是条约签订现场，坐在桌子一侧左起分别是陈篆、毕桂芳、密勒尔、希尔宁达木定和察克都尔札布。

　　1884 年，朝鲜发生甲申政变，驻朝日军欲趁机挟制王室。李熙求助清军，在袁世凯英勇指挥下，清军击退日军，第二次将日本势力逐出朝鲜，维了大清在朝鲜的宗主权。由李鸿章奏举，袁世凯任驻汉城"总理营务处，会办朝鲜防务"。袁世凯驻军朝鲜，击败日军，使日军多年不敢妄动。袁世凯前后驻守朝鲜十二年，与日本针锋相对，在困难的境地中，利用他胆识和智勇，竭力维护了清廷在朝鲜的宗主国地位和利益，成为晚清时期成功"抗日"第一人。

　　1911 年 12 月 1 日，在沙俄的操纵下，"外蒙王公委员会"宣布蒙古为"独立国"，12 月 16 日，"大蒙古国"正式成立。袁世凯就任大总统后，力图政治解决外蒙问题。先后采取一系列稳固蒙古的措施：发布《劝谕蒙藏令》，消除蒙藏对民国的敌视；颁布《蒙古待遇条例》，稳住内蒙；从轻处理内蒙各旗参加叛乱的官兵。成功打破了库伦企图把势力范围扩大到内蒙的阴谋。他于 1912 年 8 月两次致电活佛哲布尊丹巴，劝其取消独立，一方面武力震慑内蒙响应库伦"独立"的活动，一方面反击外蒙对内蒙的武力进犯。同时，通过多种外交途径解决外蒙问题。1913 年 11 月 5 日，中俄签署《中俄声明》，北洋政府承认外蒙的自治权，俄国承认中国在外蒙的宗主权。1915 年 6 月 7 日，中俄签署《中俄蒙条约》，外蒙"独立"在名义上被取消。在谈判过程中，袁世凯始终坚持外蒙古为中国领土一部分的原则立场，维护了国家主权。

后世之所以说袁世凯"卖国"，主要是因为签署了臭名昭著的"二十一条"。

然而"二十一条"实属误传，最终实际签约只有十一条。且令日本人更加郁闷的是，袁世凯政府刚签约就以国人强烈反对为由，声明这些条约是被迫签订的，拒绝履行，以后历届北洋政府也始终没有实施生效过。在日方的档案里也可以看出，这是一场失败的交涉，日本外务大臣因此辞职。

袁世凯在"二十一条"事件处理上，可圈可点，最大限度地减少了国家利益损失。条约签署后，袁世凯就将签约日定为"国耻日"，并誓言"埋头十年，与日本抬头相见"。从那时起，他已经定下卧薪尝胆一心抗日的决心了。

袁世凯的一生与日本斗争最多，日本人视袁世凯为最大威胁。袁世凯为了抵御外辱，首先想到的是发展国力。袁世凯就任大总统后，先后在政治体制、社会管理体系、经济领域、军队、司法等方面大力主导改革，出台了很多适合社会发展需求的措施和政策，为民国初期社会的稳定和发展起到了非常显著的作用。民国三四年间就实现了财政收支平衡。

袁世凯的一生，充满了传奇和误解、复杂与多变。他的一生，也是中国晚清到民国初期这段新旧交替的特定历史阶段动荡、混乱局面的最真实反映。只是可惜了历经劫难初建的民国，在袁世凯死后，政治上再无强人，从此陷入混乱，国力日益衰弱，直至日本侵华，中国几乎亡国。

第三卷

共和之争

◎防守湖南一带的吴佩孚屡次三番提出要撤防北上，对皖系来说，直系军队的这一企图非同小可，因直系军队如果一旦威胁京师，和谈将毁于一旦。一心想通过和平方式再次达到共和的段祺瑞，决心阻止吴军北上。他有什么招数呢？

◎段祺瑞的心腹徐树铮(1880–1925)，曾带兵收复蒙古。

英雄本色
—— 第一次护法战争中的程潜

　　1949 年 9 月 7 日晚，毛泽东和朱德、周恩来等来到北平火车站，迎接起义的国民党元老、陆军一级上将的程潜。程潜见到毛泽东，激动不已。毛泽东风趣地说："我们是老乡，您又是我的老上司，岂能不来接驾？"毛泽东唯一一次在中南海为人划船，这个人就是程潜。

　　程潜，湖南醴陵官庄人，清末秀才，同盟会会员。日本陆军士官学校第六期毕业。曾任湘军都督府参谋长、非常大总统府陆军总长、广东大本营军政部部长。1917 年 9 月，孙中山先生在广州组织护法军政府，程潜毅然应召前往护法前线。那么，程潜在此次战争中有哪些出色表现？湖南将士如何能凭血肉之躯缴获两架敌机？护法战争能助孙中山实现武力统一中国的理想吗？

　　仅 12 天的张勋复辟丑剧收场后，段祺瑞控制中央政权。孙中山利用段祺瑞对德宣战、向日借款、扩充武力引发"府院之争"与全国舆论谴责的机会，在广州成立护法军政府，急迫准备出师北伐，提出"以长江沿岸为主作战地，先克武昌，次定南京，击攘敌军长江一带之势力，再图直捣北京"。可孙手中并无军事实力与北洋军相对抗，这一计划纯属纸上谈兵。而护法军政府的出现倒给了段祺瑞一个南下讨伐的借口。

◎程潜（1882—1968）与夫人郭翼青。程潜，国民革命军陆军一级上将，国民政府湖南省政府主席，和平起义后任湖南省省长。

段祺瑞武力统一全中国的战略非常明确，认为征粤必先攻湘。湖南首当其冲成为北洋军进攻的第一目标。1917 年 10 月初，北洋军派出傅良佐部进攻湖南护法军，双方在朱亭、衡山至永丰一线之交火，第一次护法战争爆发。

湘南护法军激战数日，挫败了北洋军的进攻，但双方仍处于势均力敌之态。10 月 21 日，程潜与桂粤军将领在衡阳调整作战方案，护法军分四路进攻永丰，北洋军难以抵挡。期间收复宝庆的部队又驰援护法军，一时攻势凌厉，永丰守军于傍晚弃城逃跑。随此，出现戏剧性的一幕，北洋军两位将领临阵厌战，提出停战议和，自动让出衡山，傅良佐看大势不好，连夜逃离长沙。

　　湘粤桂护法联军乘胜追击，向湘潭、株洲进攻，北洋军一路败北。逃跑时惊见惨剧：纷纷北逃的散兵挤在铁路桥上，而乘坐火车亡命而逃的将领竟不顾一切冲将过去，活活撞死、撞伤逃兵近千人。联军轻取湘潭、株洲后，直击长沙如入无人之地。

　　程潜进入长沙后，紧急部署收复岳阳。但湘粤桂三方矛盾凸显，依靠桂系人多马壮，谭浩明掌握了湖南的军政大权，进攻岳阳暂时搁浅。作为护法战争中南北军队第一次交战的衡阳宝庆之战，在衡山失守的不利形势下，湘南护法军及时调整战略，攻取敌方抽调相当薄弱的宝庆、永丰，取得了以弱胜强的战绩。程潜等护法军将领的组织指挥和战术运用能力在这一战初露锋芒。

　　1918 年 1 月 18 日晨 6 时，湘军总司令程潜下达进攻命令："夺得岳州，湖南必生，不得岳州，湖南必死。我胜敌人，国家必存，敌人胜我，国家必亡。生死存亡，在此一战，凡我军人，努力杀贼。"并将决战口号印每个士兵胸前佩戴的白布上。

担任主攻任务的赵恒惕所部首先突破迎面之敌，逼迫北洋军接连退守。湘军乘胜推进至战略要塞乌江桥，发现北洋军紧急增援乌江桥，湘军立即调整部署，通过迂回战术，分多路夹击守敌与援军。北洋军负隅顽抗，派出两架飞机参加被湘军打得折返机场，但湘军久攻不克。

1月26日凌晨，湘军派出敢死队与敌展开肉搏战，双方伤亡惨重。此时，湘军气势大振，北洋军渐不可支，无心再战，纷纷弃阵。湘军与其他友军一路追击，终于突破乌江桥等重重防线，攻取岳阳。

收复岳阳后，程潜诗兴大发："……指途向岳阳，攻其所必争。先趋白湖荡，猛力洞厥膺。鏖战五日夜，我锋不可撄。伏尸遍原野，直抵巴陵城。壮哉甲胄士，誓死秉吾城"。盘点此次岳阳之战，共俘敌一千三百余人，缴获飞机两架、火炮四十余门及大批枪支弹药。

　　岳阳之战，以湘军为主力的南方军瞄准战略要地乌江桥，因时因势不断调整战术部署，打乱敌方阵脚，特别是程潜等湘军将领敢于出奇制胜，适时组织小股部队深入敌后，骚扰敌方部署，对克敌制胜起到了关键性的作用。

　　1918 年 4 月，湖南再燃战火。北洋军派出吴佩孚、张敬尧、张宗昌等强大阵容，反扑湖南。程潜、赵恒惕、刘建藩等召开紧急会议，积极应对来犯之敌。决定以赵恒惕为湘东前线总指挥、刘建藩为总参谋，集中全部兵力扼守衡阳，阻击正面来敌。

　　随后，吴佩孚、张敬尧部进占长沙，进入湘东。北洋军驻攸县部向刘建藩部发起突袭，遭到赵恒惕所部阻击。湘军趁势发起总攻，一举攻克攸县。毙敌千余外，还缴获两架飞机。之后湘粤联军又与黄土岭守敌展开激战。

　　程潜调整部署，赵恒惕亲赴战场，在强大攻势下，张宗昌所部弃黄土岭而逃。湘军乘势一直打到长沙城外。北洋军将领张怀芝逃到汉口，将屎盆子扣到张敬尧头上，说他见死不救才导致此次惨败。

　　就在此时，发生了一件意想不到的事。湘军主将刘建藩在株洲渡河时落水而亡。北洋军趁机收拾在株洲一带阻击湘军，攻占衡阳的吴佩孚部切断南方援军后路，护法联军被迫退守湘桂边界。

　　以程潜、赵恒惕为主帅的湘军将领指挥以弱胜强的反击战，战略战术运用非常精准。湘东反击战湘军处于不利境地，但能够变被动防守为主动进攻，且在桂军南撤的情势下，联合粤军连续反击，攻其不备，追击疲敌，获得歼敌万人的战果。

1917年8月至1918年5月，除了湘东为主战场的战争外，护法战争还有湘西争夺战、荆襄之战、平江阻击战、滇黔靖国军攻川之战以及粤闽赣地区的作战等。仅战争角度看，南北双方只是打了个平手。但南方被西南军事集团所控制，废除了大元帅制。孙中山愤而离开广州前往上海，至此宣告护法战争失败。

打跑复辟的辫子军，段祺瑞"再造共和"，尽管问题不少，但和平统一、共同缔造民主共和的通道仍然敞开着。可惜的是，孙中山等一门心思要武力统一中国，又屡屡败于实力不足，最后只能一声叹息："吾国之大患，莫大于武人之争雄，南与北如一丘之貉。"

1949年8月，集湖南军政大权于一身的程潜在长沙起义，湖南和平解放，程潜被委以重任。"文革"期间，程潜受到重点保护，未受冲击。程潜巧妙用兵折射其高超的战争艺术，而他在戎马生涯的关键时刻能够深明大义、顺应大势，则尽显其英雄本色。

山雨欲来
—— 段祺瑞的无奈战争

美国电影《林肯》让人们记住了一个小角色，在林肯总统身边的一位修脚师傅，他叫扎查里。南北战争时，扎查里是犹太人，受林肯委派来到南方，与同是犹太人的南方邦联国务卿本杰明会面，双方草签了一份和平协议。虽然和平协议未能完全生效，但扎查里以他勇敢的表现赢得了林肯的信任，从此废止了反犹法案，使犹太人站到了北方军一边，最终使北方军打败南方军，实现了美国的统一。

北洋时期的中国与美国南北战争之前一样面临相似的难题，能否不通过战争角力达到统一？有着"三造共和"美誉的段祺瑞在直系集团日益强大、咄咄逼人之时，虽从来没有放弃武力统一中国的考虑，但他一心想着通过和谈来实现统一、再造共和。他为之付出的努力可能实现吗？

五四运动之后，段祺瑞担任督办边防事务处督办，看似一个虚职，实际通过安福系人物担任总理和其他要职，仍控制着朝政。他宣布废止中日军事协定，表示愿开南北和谈，包括与直系集团、南方军政府对话。

但此时几乎所有的目光都盯住了一个人，他就是收复蒙古、从库伦载誉归来的徐树铮。徐树铮作为安福系的一员重将又居功至伟，一直不把曹锟等老江湖放在眼里，与直系势不两立，树大而招风，是他成为焦

◎南北议和会议，上海，1919 年 2 月 20 日。站立者为北方总代表朱启钤。会议桌左侧为南方代表。从左至右：
王伯群、郭椿森、缪嘉寿、章士钊、唐绍仪（南方总代表）、胡汉民、曾彦、刘光烈、彭允彝、李述膺、钟文耀。
门前方桌后右为贾士毅，左为周诒春。

点人物的原因之一。但直奉两系将他看作一块非搬不可的绊脚石，重点
要毁掉段祺瑞的根基，否则就没法议和。

以财政总长代理国务总理的龚心湛面对和谈僵局，一点办法也没
有。1919 年 9 月 24 日，龚心湛辞职，总统徐世昌令陆军总长靳云鹏代
理总理职务。靳云鹏仍兼边防军训练处处长，虽为政府总理同时也是边
防处督办段祺瑞的部属。

靳云鹏何许人也？贫寒出身的靳云鹏报考上了小站新军，但有点斜
眼，射击不准，只能干清扫马厩厕所的后勤杂活。一次袁世凯巡营，别
人都在聊大天，靳云鹏却在那里捧着兵书认真阅读。袁世凯觉得此人干
清洁工可惜了，将他送到随营武备学堂学习。靳云鹏运气好，又一次遇
上他人生中的第二个贵人——学堂监督段祺瑞。北洋军逼清帝退位，靳

云鹏出谋划策又充当急先锋，深得段祺瑞的信任，任命其
为第二路军总参谋。

靳云鹏是个有名的孝子，母亲热情大方，善解人意，
为儿子进步加分不少。据说，有一次袁世凯请靳母吃饭，
她特地备了四样礼物：鸡蛋十个，豆腐四块，煎饼六斤，
咸菜一罐。袁世凯瞧了下礼单，竟工工整整写着"吉子十个，
都福赐快，坚兵禄金，贤才一贯。"袁世凯对靳母佩服得
五体投地。靳云鹏当上国务总理，刚刚40岁。

对于各派系间的和谈，靳云鹏是个非常合适的人选。
第一，在皖系这边，他是段祺瑞的左右手，又是资深将领；
在直系这一边，他与曹锟是拜把兄弟；因为是山东人，和
直系王占元、吴佩孚是同乡。吴佩孚曾通电支持他当总理，
因此有"鲁系"一说。第三，他与张作霖是儿女亲家，可
以直接对话。

靳云鹏上任后将直皖两系重归于好、促成南北和议当
作第一要务，他建议召集全国名流举行和平联席会议来推
动和谈。

此时，徐世昌也在积极想办法推进和谈，他想到了前
任总统、在河间老家休养的冯国璋这个直系鼻祖。听说冯
为恢复粮饷局的事来到天津，于是请他到北京来调停直皖
之争。冯国璋来到北京后，与徐世昌、段祺瑞谈得非常融洽。
既已恢复了嫡系部队的粮饷局，就高调喊出"节饷裁兵"，
为调停直皖两系而周旋。

其实，徐世昌有个一揽子计划，在请黎元洪和冯国璋

◎在共和时代进退维谷的段祺瑞 (1865–1936)。

出面的同时，草拟了一套全国统一后的大举裁兵计划。由南北推举元老三人组成裁兵委员会，北方元老是冯国璋、段祺瑞、王士珍，南方元老是岑春煊、唐继尧、陆荣廷。可这年 12 月 28 日，冯国璋病逝。病危时口授遗电，希望和平早日实现，本人以不能亲见统一为憾。徐世昌的斡旋计划就此搁置。

冯国璋死后，曹锟便成了直系老大，加之有爱将吴佩孚辅佐，把控时局能力不在皖系之下。此时的吴佩孚虽位居师长一职，却有着实现河山一统的抱负。在将徐树铮树视为第一对手的问题上，各方形成了高度一致。

直隶、江苏、湖北、江西四省和张作霖治下的东三省共七省成立了"反皖同盟"。所不同的，吴佩孚敢怒敢言，疾恶如仇，凡事冲在前头，而张作霖碍于靳云鹏亲家的面子，会时不时地里外撮合。

防守湖南一带的吴佩孚屡次三番提出要撤防北上，对皖系来说，直系军队的这一企图非同小可，因直系军队如果一旦威胁京师，和谈将毁于一旦。一心想通过和平方式再次达到共和的段祺瑞，决心阻止吴军北上。他有什么招数呢？

恰好此时，河南督军赵倜之弟赵杰卖官鬻爵，引起民怨。段祺瑞向靳云鹏提出撤换赵倜，意在卡住吴军北上的必经之地。同时密令他的小舅子吴光新调长江上游的警备军速赴信阳。这一举动，将本来的骑墙派赵倜逼到直系一边，"七省同盟"扩大成"八省同盟"了。

1920 年 3 月 27 日，张作霖以过生日之名请同盟各省的督军派代表到沈阳召开秘密会议，商量对付皖系的策略。此后这批人来到保定，名义上是来参加追悼直军阵亡将士会的，实际上是应曹

◎北洋元老冯国璋 (1859—1919)。

锟之邀，参加保定会议，敲定三点共识：一是拥靳云鹏留任国务总理，不反对段祺瑞。二是赞成直军撤防北归。三是宣布安福系卖国祸国的罪状，勒令解散。

这里的"不反对段祺瑞"有个潜台词，就是反对徐树铮，与此前吴佩孚等提出的"清君侧"如出一辙。对此，段祺瑞怎么看的呢？

段祺瑞深知对手拿徐树铮说事，就是要跟他一决雌雄。但他不同于其他枭雄，没有一支真正属于自己的军队，徐树铮是他手里最后一张王牌，放弃徐树铮就意味着自毁长城。一旦和谈不成，他的统一与共和理想将从此成为泡影。于是，他对一再提出北上的吴佩孚，只有一边提前布防，一边采取缓兵之策。

可是，雄心勃勃的吴佩孚等不及了。直系大军高唱着他创作的《登蓬莱阁歌》浩浩荡荡一路北上："甲午役，土地削，甲辰役，主权堕，江山如故，夷族错落。何日奉命提锐旅，一战恢复旧山河，却归来，永作蓬山游，念弥陀……"可惜，此时的中国没能出现像美国林肯时代扎查里那样的奇才！……

速战速决

——直皖大战五天打碎段祺瑞"统一梦"

被称为"德军装甲兵之父"古德里安，他的肖像至今还挂在德国军营里。古德里安提出了"闪击战"理论，二战中，德军在"闪击战"理论的指导下，27天征服波兰，1天征服丹麦，23天征服挪威，5天征服荷兰，18天征服比利时，39天征服法国。

集中、突然和速度是闪击战的三个关键要素。闪击战的精髓就是最大限度地集中优势兵力，以最小的损失，突然而迅速地达到战争目的。二十多年前的中国大地上爆发了一场直皖大战，交战双方都使用了闪电战术。那么，谁获得了胜利？靠什么取胜的呢？

1920年6月13日，出乎所有人的意料，已进驻河南、威胁京师的吴佩孚发出通电：反对安福系包办和谈，建议召开国民大会解决一切问题。这份通电之所以把所有的小伙伴们都惊呆了，是因为吴只想到要解决国家统一大计，忘了他只是个小小师长角色。这对皖系无异于火上浇油。

此时的吴佩孚已迅速完成了北上布兵，主力留在河南待命。张作霖暗中策应直军，分批开进廊坊。曹锟所部移兵德州兵工厂附近，并以德州为直军右翼前沿阵地。兵力部署全部到位，曹锟、吴佩孚等召集秘密军事会议，高调提出撤销边防军、免职徐树铮等苛刻条件。

◎ 1920 年，直奉短暂同盟期间的张作霖 (1875–1928)（左）、张宗昌（中）、张学良（中右）、吴佩孚（右）。

段祺瑞闻讯后，立即要求徐世昌惩办曹锟、吴佩孚。同时，段开始布防，调徐树铮的西北边防军严守京师。随后，在团河成立定国军总司令部，段自任总司令，徐树铮为总参谋，段芝贵为第一路司令，曲同丰为第二路司令兼前敌司令，魏宗翰为第三路司令。7月5日，段祺瑞对边防军紧急动员，准备迎敌。

看到惩办曹锟、吴佩孚命令，曹锟立即举行誓师礼，派吴佩孚为前敌总司令，号称"讨贼军"，设大本营于天津，设司令部于高碑店。吴佩孚亲率大军，战略目标为"直捣北京，驱逐段徐"。

段祺瑞对闪电战术胸有成竹，自信只要九十六小时就可以攻下保定。但之前宣布"局外中立"的奉军在京奉路、津浦路及马厂、军粮城一带布防后，公开通电讨伐段祺瑞，这让段始料不及。他只好再找总统请求颁发停战令，希望重回和谈，此时的徐世昌只是例行公事应付了一下。

鉴于一触即发的情势，段祺瑞遂于7月14日下午召集特别军事大会，下达总攻令，直皖战争正式打响。那么，段祺瑞是如何运用闪电战术摆兵布阵的呢？

段祺瑞派出西路军总指挥段芝贵，率边防军曲同丰等主力沿京汉铁路南下，直趋保定；命令长江上游总司令吴光新率部北上，驻洛阳的西北军混成旅同时东进，三军会合，围歼直军主力于中原。东路军由徐树铮为总指挥，全力夺取天津并乘胜南下。驻济南马良部沿津浦路北上，夹击歼灭东线直军。

西路是双方交战的主战场。7月14日晚八时，边防军发起总攻击，炮火猛烈，直军后退，但并未打到直军痛处。15日晨，皖军集中火力向固安及宫村附近的直军猛烈进攻，吴佩孚指挥直军顽强抵抗。而东路西北军进攻直军杨村防线，皖直两军处于胶着状态。到16日，经过三天较量，直军处境不利，防线一退再退。

难道吴佩孚的兵力不敌边防军吗？其实直军后撤乃诱敌之计。吴将精兵摆在左右两翼，只等皖军深入。16日右翼直军北进将边防军第三师击溃，师长陈文运受伤逃走，直军占领南庄、长安城等地。偏偏当夜下起大雨，皖军重型榴弹炮成为聋子的耳朵。吴佩孚亲率左翼一部兵从天而降，突袭皖军前线总部，生擒前线指挥曲同丰。

于是戏剧的一幕出现了：吴佩孚与曲同丰既是山东老乡，又是武备学堂的师生，这回学生抓住了老师，真是"教会徒弟打师傅"。曲同丰被俘后竟在保定上演了一出向曹锟献刀的闹剧。他还发出通电，劝告边防军投降。段祺瑞听说曲同丰献刀受降，又看到被打得溃不成军的部队降的降、跑的跑，有的甚至跑回到京城，非常震怒，下令关上城门，不许败兵回城。

西路军总指挥段芝贵倒是有"大将风范"。他将火车作为司令部，在车厢里一边打麻将，一边坐视外面的战况。曲同丰老窝被端的消息传来，他扔下打了一半的牌局溜之大吉。原来，他早就有所防备，火车头是朝北的。西线战场已全线溃败，那么，东路又如何呢？

奉军与直军形成掎角之势，集中兵力夹击皖军，廊坊很快告急。徐树铮听到西线军一败涂地，扔下人心惶惶的部队跑回了北京。直奉联军长驱直入，轻易收拾了东路军。那么，身为段祺瑞小舅爷的吴光新该拼死一搏了吧？

吴光新手握六个旅，本是皖系一支重要的军事力量。段祺瑞密令他向汉口秘密集结，伺机突袭湖北。可湖北督军王占元摆了桌鸿门宴，不费一枪一弹就拿获了吴光新。吴光新所部看大势已去，大部接受了收编。

到了18日，段祺瑞接受失败的事实，再次请求徐世昌下停战令，亦派人到天津求和。次日，段祺瑞发出通电引咎辞职，以谢国人。此后，直奉联军进入北京，直皖战争至此结束。26日令撤销对曹锟、吴佩孚等的处分。29日下令通缉祸首徐树铮、曾毓隽、段芝贵等人。

　　皖系仓促应战，看似兵强马壮、装备精良，但实质上缺乏战略考量。尤其是决策者一边想和，一边应战。段祺瑞一直没有放弃和平统一的努力。甚至在吴军兵临城下时，还亲自前往保定，密见曹锟，争取不战而和。他多次恳请徐世昌下令停战。如此犹豫不决的心态影响他对战略战术的总体部署与决战到底的信心。

　　定国军在宣传战方面乏善可陈。相比于吴佩孚直接将皖系定位于"卖国祸民"的全民公敌，通电连篇，言辞激烈，影响空前，段祺瑞只是从行政体系上谴责直系挑战中央政府权威，显然在格调上低了许多。

　　最重要的，双方都熟知《孙子兵法》"兵贵胜，不贵久"，但段祺瑞不仅在战略部署上慢了吴佩孚一拍，而且吴佩孚还娴熟地运用了"围魏救赵"之术，以闪电战术构成一个战术组合，快速制胜，这比段祺瑞采取单一战术胜出一筹。

　　再一点，段祺瑞没有一支属于自己的嫡系部队，只有靠利益链条维系在一起的几位将领。徐树铮既已成为直奉的死敌，本应破釜沉舟，决一死战，但战端一开首先考虑的是自身退路。若他们在吴佩孚麾下，将受到军法惩处。如果古德里安穿越到当时的中国来收一个爱徒，非吴佩孚莫属。

乘虚而入

—— 青年毛泽东参与湖南驱张之战

1933 年 5 月 7 日晨，北平六国饭店内一片宁静。突然，一阵密集的枪声划过，警察赶到现场时已发现死者躺在血泊之中。这个被杀的中年男子不是别人，正是曾任过湖南督军、大名鼎鼎的北洋军事悍将张敬尧。张敬尧怎么会住在六国饭店？又怎么会遇刺身亡？

20 世纪 20 年代初，在北洋督军张敬尧统治下的湖南暗无天日，民怨沸腾。张氏兄弟在湖南称霸一方，大发横财，大兴土木修建豪华督军府，还在天津等地置下了大量田地房产。时人有一副对联写道："堂堂呼张，尧舜禹汤，一二三四，虎豹豺狼。"

张敬尧驻防的长岳地区被湘人称为"地狱之城"，在湖南百姓眼里，张敬尧的部队无异于强盗恶霸：有控告军人烧杀抢掠的，要被乱棍打死。因此，湘人称之为"张毒"。那么，湖南百姓是如何团结一心驱逐张敬尧的呢？

湖南组织了"驱张请愿团"，分别向南北政府及驻扎衡阳的吴佩孚请愿。驱张请愿团先是由学生发起。以湖南长沙师范教员易培基为总代表、毛泽东为学界代表率领的"驱逐张敬尧赴京请愿团"到京请愿，时任北洋政府京都市政督办署坐办、当代戏剧家吴祖光之父吴瀛接待了他们，妥善安排了食宿。

◎ 1920 年，湖南各界发起"驱张运动"，督军张敬尧 (1881–1933)
被广东军政府任命的湘军总司令赵恒惕一战逐出湖南。

　　随后，社会精英熊希龄及各界代表纷纷参加请愿行动。吴佩孚接待他们时深感愧疚，但考虑到北上第一要务，需借道张敬尧的防区，只得以"湘事湘人自决"安慰请愿人士。吴佩孚挥师北上前，与张敬尧按部就班的作了交接，让他维持原有界线。但吴心里有数，他这一走，张敬尧怕是保不住了。

　　正像吴佩孚所预料的那样，1920 年 4 月，骁将赵恒惕被广东军政府任为湘军总司令，由他成立湖南制宪筹备处，他发表了"联省自治"主张，后自任湖南省省长。加上后来成为蒋介石与宋美龄之间的大媒人、南方军政府湖南督军谭延闿，在吴佩孚撤防之日，响应民意，号令装备落后、有着"叫花子军"之称的湘军对张敬尧防区发起进攻。

为了节约每一粒弹，赵恒惕特别下令要士兵一定等到敌人逼近时，才能放枪。从 5 月 26 日起，湘军仅用两天时间就占领了祁阳、耒阳两县。张敬尧没想到赵恒惕来得这么快，平常就懒散的部队跑得比兔子还快。

此时有人说，湖南人蔡锷以三千赢卒将袁世凯拉下皇座，如今赵恒惕三千破枪打得张敬尧找不着北。湖南的精英人士纷纷支持赵恒惕来打张敬尧，为湘军带路提供情报与直接参战的百姓不在少数。

张敬尧看到大祸临头，急忙向北京政府请求下发讨伐令，未经本人同意将张宗昌、范国璋、冯玉祥等人的名字都署上，以示代表多数将帅之意。他还死要脸面，将部队不战而逃说成"为保全和平起见，我军节节让防"。

战争打响的第三天，衡阳便落入湘军囊中。张敬尧火线任命其弟张敬汤为援衡总司令，信誓旦旦要夺回衡阳。张敬汤倒是不慌不忙，乘着八人绿呢大轿，耀武扬威地向衡阳进发。轿后还挂着大灯笼，上书"总司令张"四个大字。出发时，长沙人见这架势，为人饥马瘦的湘军捏了一把汗。那么，张敬汤有没有为大哥脸上增彩添光呢？

湘军势如破竹，所向无敌，再战而得宝庆，张宗昌所部落荒而逃。张敬汤听说湘军气势凶猛，杀将过来，立马抱头鼠窜逃回长沙，弄得浑身是泥，像个落汤鸡，与出城时判若两人。部队损兵折将不说，他连湘军的影子都没看到就撒腿而逃，实在是辜负了大哥的一番苦心。

此时的张敬尧就是要千方百计保住长沙。他命令长沙知事招募运输队，无人应征；勒令总商会紧急筹饷，会长被扣为人质也没敲来几个钱。看到湘军已向湘潭、宁乡两路推进，张敬尧提出死守长沙，下令将新建的"镇湘楼"和军火库焚毁。大火烧了几天几夜，在一片混乱中张从长沙消失。

张敬尧逃到岳州，躲到洞庭湖一艘船舰上，开始盘算如何保住最后一块奶酪。他幻想重回徐州担任苏鲁皖豫四省边防督办。为堵住他的这一厢情愿的退路，北京政府先行派人担任四省剿匪督办，同时很不客气的电告张敬尧："不得擅离岳州，否则执法以绳！"责成张敬尧立即检讨战败责任。张敬尧遂将四弟张敬汤和义子张继忠交了出来。北京政府仍不放过追究张敬尧弃城而逃的责任。

湘军乘胜追击，进军岳州。已无处躲藏的张敬尧一再辩解放弃的原因是敌众我寡，把责任一股脑推到张宗昌等其他将领身上，说他们见死不救，只顾自保。他在电文中厚颜无耻地将此次战败与甲午战败相提并论，说当年海战看似整个中国与日本较量，其实就是李鸿章一个人在战斗。这边的情形，与当年的甲午战争有着惊人的相似。徐世昌阅此电文，拍案大骂：丧家之犬竟拿李中堂来比，真是不要脸！

6月底，张敬尧逃到了汉口，听说继任的吴光新也到了汉口，他找到吴，拿出湖南督军和省长两枚大印，开价200万元。吴光新嗤之以鼻。张敬尧只好哭求湖北督军王占元，接济残余部队的军饷。到7月6日冯玉祥所部从常德退往鄂西驻扎或镇守，湖南境内再也没有张敬尧的部队了。

时任湖南省长的谭延闿通电南北，郑重声明："湘人以驱张为目的，与南北之战无关，湘军仅以收复湘境为止，决无侵犯邻省之意。"徐世昌表态认同"湘事湘人自决"，认为与湘军驱张是实现救省愿望、无害于大局、自我定位的做法。

赵恒惕率领节节胜利的湘军开进长沙,士兵的臂章上写着:"救国救乡,在此一战;勇往直前,拼命杀贼。"市民扬眉吐气、欢呼雀跃,看到战士们脚穿草鞋、衣衫破烂,却一个个精神焕发、斗志昂扬,齐赞他们是老百姓的大救星,自愿为他们补充给养、送衣送粮,并隆重举行了"欢迎驱张将士大会"。此时的张敬尧不知想过没有,将领贪生怕死只是失败的原因之一,更重要的,他面对的是欲诛之而后快的所有湖南人民。

吴佩孚"屁股一抬小破财",让湘军乘虚而入,是军事策略的精妙运用。孙子兵法称:"敌人开阖,必亟入之。"其意为,当敌人睁一只眼闭一只眼时,恰好是用兵的间隙。当然,实力弱小的湘军之所以战胜了强敌,最关键的是符合民意、为正义之战。湖南人民同仇敌忾,用扁担、锄头作刀枪,切断交通、夺取武器,使张敬尧部队腹背受敌。还有吴佩孚北上正好又牵制了皖系主力,使其无兵可援。

张敬尧出身贫苦家庭,能进入保定陆军军官学校毕业,且作战勇猛,能在袁世凯的新军一路打拼到一省督军,实属不易。主政湖南的大好时机被他渐渐养成的骄奢淫逸所荒废,这成为他人生的转折点,从此一蹶不振。

落魄的张敬尧后来投靠张作霖等军事强人。"九·一八"事变后他投靠日本人,日军进兵唐山、天津之际,张敬尧潜入北平策动内应。蒋介石闻讯后,立即指示戴笠对其采取非常措施。本文开头的那一幕惨相,就是张敬尧最后的人生结局,正应了那句老话:"多行不义必自毙。"

◎驱张后一度主政湖南的民国元老谭延闿 (1880–1930)。他也是蒋介石和宋美龄的婚姻介绍人。

援鄂倒王
—— 湘军打跑湖北督军王帅浑水摸鱼

英国的蒙哥马利元帅曾说："世界上所有的军事院校都应把《孙子兵法》列为必修课。"据说，海湾战争时期美国士兵人手一册《孙子兵法》。尽管这种说法不尽确切，但《孙子兵法》对世界军事战略理论的影响力确实非常深远，有"军事圣经"一说。

在中国战争史上，几乎所有成功的军事家、谋略家都熟谙《孙子兵法》，并能运用自如。吴佩孚就是其中的一位。在湘鄂川战争中，他娴熟采取《孙子兵法》中的"浑水摸鱼"，以较小的成本获得了最大的战略胜利。那么，他是如何伺机而动、将争斗中的猎物都放进嘴里的呢？

自驱逐张敬尧后，谭延闿一度主掌湖南军政。谭延闿、赵恒惕和程潜三足鼎立，湖南俨然成"国中之国"。湘军一度整编，除正规军第一师外，共成立12个防区司令部，在不同的防区三方拥有各自的势力范围，相安无事。

此后，赵恒惕主持湖南自治及制定省宪法，不接受南北政府号令。湖南省议会成为一省民意的最高机关，开创了民选省长的先河。1921年11月25日省议会选举赵恒惕任湘军总司令、林支宇为临时省长。赵恒惕治湘后，在自治的旗帜下保境安民，一方面与川、滇、黔、粤四省成立联省自治阵线，一方面又与鄂赣两省成立联防条约。同时，着力整

莫理循先生 惠存

王占元赠

◎湖北督军王占元（1861—1934）。

顿军队，扩编湘军。就在此时，本来相邻无事的湖北人却请求赵恒惕"援鄂倒王"，这是怎么回事呢？

王占元盘踞湖北多年，内部矛盾逐步凸显，集中表现在军饷问题上。他一边私分军饷，一边以北京政府欠饷为名，一再拖欠士兵军饷。接二连三的兵变起因都是欠发军饷，其中宜昌、武昌的两次兵变最为惨烈。

1921年6月7日，作为督军首府的武昌发生兵变，而挑头的就是王占元的直辖军队，这让王极为恼火，决意用极端手段解决。次日，他下了一道命令，对发生兵变的全团官兵近两千人予以遣散，所欠军饷一次性发还，外加遣散费，准其带走劫来的赃物，并可免费坐火车回家。8日晚，满载而归的遣散兵到了孝感站，突然枪声大作，预先埋伏在车站附近的军队蜂拥而上，一阵扫射，遣散兵还没搞清什么情况就大部被打死，所带钱财全部收回。

王占元这一恶劣手段，不仅激起部队恐慌，也引起民众愤慨。就连他自己到灾区视察时也发现，督军署布告上他的署名全被老百姓抠掉了，他深感已身处困境。湖北旅京同乡多次向国务院请愿，靳云鹏对请愿的人说，王占元这样的人应当予以罢免，但时机尚不成熟。湖北人民对王占元治鄂已忍无可忍，遂求助于湖南。

为了说服赵恒惕派兵"援鄂倒王"，湖北精英代表陈明利害：湖南既已成为联省自治的模范，不应独善其身，应将湖北纳入联省自治的范围内，然后，以武汉作为基地，向全国推广。而湘军入鄂是多赢之策，一可通过协助防务取得财力支持；二可掌握了汉阳兵工厂，源源不断地取得武器装备；三可赢得民意，在湖北人民的积极支持之下，一周就可将王占元赶跑，"大湖南"的格局指日可待。

这些话如鼓槌一样字字句句都敲在赵恒惕的心上，有道是"麻雀飞不过洞庭湖"，湖南与湖北有唇齿之谊，自古难舍难分。联省自治就要形成辐射效应，不断向周边扩展，才能在全国范围内实现其宪政与自治相辅相成的治理目标。而且，"援鄂倒王"也不失为解决湖南内部矛盾的极好方式，湘军对此非常动心，第二师师长鲁涤平第一个站出来跃跃欲试。

但此时粤桂战争爆发，陈炯明请湖南出兵讨伐桂系。赵恒惕于7月1日在长沙主持军事会议，决定派衡阳镇守使谢国光为"援桂总指挥"。出兵"援桂"箭在弦上。所以在"援桂"还是"援鄂"的问题上赵举棋不定。此间，在备战"援桂"之时，赵恒惕还欠了王占元一笔大大的人情。这是怎么一回事呢？

湘军"援桂"，自然就无暇顾及湖北的事，王占元听说后暗自算盘，不如乘此机会做个顺水人情，派人向湘军赠送子弹100箱、步枪2000支、现洋20万及军粮等。后来，他又追加了60万发子弹。那么，赵恒惕对此是否领情呢？

7月20日，湘军召开军事会议，通过了出兵"援鄂"的决定：赵恒惕为援鄂自治军总司令，宋鹤庚为总指挥兼第一军司令，鲁涤平为第二军司令。湘军发表宣言称：驱逐王占元是此次援鄂的军事目的，达到目标后"鄂事将还之鄂人"。

次日，湘军扣押了湘鄂铁路火车，王占元知道后大吃一惊，慌忙召开湖北全省军政联席会议，派孙传芳为中路前敌总指挥，在蒲圻设立司令部，建立三道防线，严守湖北各个要镇。同时急电吴佩孚派兵支援。

7月28日赵恒惕下达总攻击令。湘鄂两军在羊楼峒一带山区相遇，鄂军掌控地利，居高扼险；湘军训练有素，来势迅猛。自 7 月 29 日到 8 月 5 日，双方打打停停，连续交战了八昼夜。羊楼司、赵李桥阵地上硝烟弥漫，战况异常激烈，时值酷暑，双方伤亡惨重。8 月 6 日孙传芳部支撑不住，向蒲圻方向撤退，随后又放弃蒲圻。湘军一部边激战边急行军，迅捷抵达袁家铺，咸宁城近在眼前。

吴佩孚对湘鄂交战持何态度呢？此时的吴佩孚为直、鲁、豫副巡阅使，率嫡系部队第三师驻扎洛阳。吴佩孚对湘军援鄂迟迟不表态，但不代表没态度。湘军借他撤防拔掉张敬尧，为民心所向，他是支持的。但湘军以联省自治之名"援鄂倒王"，吴认为赵恒惕背弃湘鄂联防条约，单方对湖北采取行动有违军事道义。

更重要的，他觉得王占元步张敬尧后尘是早晚的事，这倒是他"王者归来"的难得机会，回师两湖也是他实现河山一统理想的极好契机。因此，在接到王占元求援后，立即派遣直军第二十五师师长萧耀南为援鄂总司令，开进武汉。

萧耀南部于 7 月 31 日直接开到汉口。孙传芳在前线一次次告急，王占元一遍遍催促萧部迅速加入战斗。萧耀南总是慢条斯理地说，部队正在集结。直到鄂军节节败退、大势已去，萧部还是在作壁上观。此时，王占元才明白，吴佩孚派兵支援是假，坐收渔人之利是真。

回师两湖
——吴佩孚在湘鄂川打响回马枪

　　1921年6月24日，长沙。几位考察湖南制宪的四川人来到星城，领头的是前任四川督军熊克武。湖南制定省级宪法成为当时的热点，引起外省政界精英的关注。从1918年到1920年，熊克武主持川政，四川的局面是辛亥革命以来最稳定的时期。在随后的各方势力角力之后，权力转移到实力派刘湘手中。但刘湘是支持熊克武的，所以熊克武在幕后主导四川搞联省自治，同时试图将内部矛盾向外转移。

　　那么，熊克武此次湖南之行果真是来学习取经的吗？他对赵恒惕援鄂倒王持何态度呢？

　　1921年8月9日北京政府任命吴佩孚为两湖巡阅使，解除王占元湖北督军一职，由萧耀南继任。王占元离开武汉时对送别的同僚说，没想到"末节买只死小猪！"他将失败归咎于赵恒惕与吴佩孚，何不反思一下自己治理湖北的作为？

　　王占元出生于河北邯郸一个贫寒的农民家庭，父母早亡，年少时投入淮军刘铭传部当兵。因勤奋勇敢，被保送入北洋武备学堂学习。甲午战争时，王占元与张怀芝、曹锟等人参加了鸭绿江战役。北洋时期王一直主张"和平统一"，但发声微弱。晚年的王占元热心慈善事业，为山东、河北等灾区募集善款，东奔西走，深受百姓好评。

8月12日，吴佩孚悄然来到武汉，不过问湘鄂的战事，要见败军之将孙传芳。他非常看好孙传芳在此次战争的表现，要保荐其为长江上游总司令。从此，孙传芳便成为吴手下的一员骁将。可见吴佩孚表面上对湘军援鄂漠不关心，其实，他时刻关注着战场上的每一个细节，连败将的勇猛表现都了如指掌。

吴大帅一到，新任督军萧耀南的风头全被抢走了。吴佩孚不经意地过问了一下萧耀南的人事安排，然后稍作调整，收编的部队将帅便唯吴大帅马首是瞻了。于是在武汉，时人不知有萧耀南，大家都望着吴大帅的一举一动了。吴佩孚到武汉不是来为王占元搞善后的，那么，这位有着一统河山理想的北洋儒将会有哪些动作呢？

启程来武汉之前，吴佩孚已派靳云鹗部开抵汀泗桥，河南宏威军司令赵杰部开抵纸坊，陈嘉谟部开抵贺胜桥。随后，又令张福来部、张克瑶部开抵汉口。他严令各军固守各自阵地，不得擅自单方行动。显然，这是针对先期援鄂的靳云鹗部擅自行动而定制的战略部署。

靳云鹗是靳云鹏之弟，随萧耀南部坐守待命。可他看到湘军与鄂军打得正酣，心动手痒，就瞄准时机向湘军发动了偷袭，没想到湘军早有防备，让他碰了个硬钉子，不得不撤出汀泗桥。

湘军经过几次激战，打败了孙传芳，赶跑了王占元，此时，群情振奋、斗志旺盛。吴佩孚虽坐镇武汉，但一旦惹怒了势不可挡的湘军，立足未稳的直系部队将成瓮中之鳖。但只守不打不是吴佩孚的性格，他令萧耀南跟赵恒惕说，王占元既已走人，接下来的事咱们好商量。

萧耀南向湘军提出停战议和，这一方案正合赵恒惕的心意，毕竟吴佩孚这块骨头不好啃。于是赵当即下达停战令，吴佩孚就有了从容布阵的时间。那么，吴军与湘军谈得拢吗？

几天之后，吴佩孚下令扣留来武汉等着和谈的赵恒惕代表，向湖南开出价码：第一，湘军无条件退出湖北；第二惩办制造战争的湘军师长宋鹤庚、鲁涤平。同时，委任张福来为前敌总指挥，先前部署的兵力陆续开始攻击湘军。8月16日吴又派海军总司令杜锡珪率领建中、江元

◎川军总司令刘湘 (1890-1938)。

等舰协助陆军向已占领宝塔州、嘉鱼一带的湘军发起进攻。

赵恒惕没想到吴佩孚会翻脸不认人，后悔不该下令停战。8 月 22 日赵下达"宁死不退"回击命令，严令军官当逃兵，战士可先斩后奏，战士当逃兵，军官可在阵前执法。旅长以上军官必须亲赴火线督战，人在阵地在。

命令下达当天，湘直两军在汀泗桥展开激烈争夺战，湘军组织了敢死队，冒着炮火冲锋前进，连续冲锋夺取直军 4 挺机关枪。两天激烈，汀泗桥火车站几易其手。到了 25 日靳云鹗所部被湘军团团围住，动弹不得。那么，靳云鹗这名猛将能从重围中脱身吗？

在战斗中，直军枪支遗弃一地，有着"叫花子军"之称的湘军士兵纷纷捡拾武器，于是靳云鹗瞅准时机，发起大反攻，湘军招架不住，节节败退。同时湘军一部长官受过吴佩孚的恩惠，率部倒戈。形势突变，湘军人心动摇。吴佩孚又令海军在金口决堤，淹没湘军阵地。赵恒惕闻讯立即赶赴前线，处决了两名延误军机的团长，湘军这才继续拼命抵抗。

8月28日杜锡珪率领多艘军舰，运载作战部队，长驱直入岳阳。湘军面对从来没遇过的海军，根本无力还击。眼看军舰与部队炮轰岳州城，此时，赵恒惕正坐镇岳州指挥，见铁路桥梁被毁，只好坐轿逃跑。直军海陆齐进，湘军战线溃败如水。

此时的赵恒惕调动不灵，四面受敌，跑回长沙时，伤兵满街，惨不忍睹。长沙恐难以守住，只有退守湘西。正当他匆忙部署撤到湘西之时，驻长沙英国领事提出愿从中调停，这是赵恒惕求之不得的。战场上打不赢，谈判桌上自然讨不到便宜，只好无奈让出岳州。

吴佩孚之所以同意英方调停，主要是考虑到要全力对付已进入鄂西的川军。原来，赵恒惕之所以决意"援鄂"，就是熊克武到长沙作了秘密承诺，川军不公开宣布"援鄂"，但只要湖南前脚动身，"四川援鄂军"后脚就到。

川军将东进"援鄂"作为扩大势力范围的关键一战。刘湘任总司令并亲率第一路军，派湖北籍将领潘正道为前敌总司令。川军沿江顺流而下，占领巴东、秭归后，由长江南北岸分兵为三路进攻宜昌。大军压城，直军刚打跑湘军未及休整，情势危急。而此时赵恒惕却不知川军行动迅捷，忙于与吴佩孚议和。既已与湘军停战，吴佩孚迅速调派劲旅日夜兼程，赶赴宜昌迎敌。

9月14日吴佩孚乘坐楚泰舰赶往前线督战，指挥部队奋力击退先期威胁宜昌的川军，可未等直军喘息，川军南路一部又进抵磨盘山，宜昌再次告急。18日吴在长江北岸架炮轰击南岸川军，南北两岸川军被迫撤退。从18到27日，直军有了海军参战，先后夺回失地，赶跑了鄂西的川军。粉碎了川湘并吞湖北的图谋。

川军退出鄂西，吴佩孚不再追击。主要是考虑到四川易守难攻，自己还要应对北方奉系和南方孙中山。吴佩孚盯住川军的责任交给孙传芳，对付湖南的责任交给张福来，自己则不失时机，回师两湖，掌控湘鄂川战争果实，实现一统河山的理想又前进了一大步。

三角同盟

——直奉备战吴佩孚洛阳兴兵

1921 年 11 月，美英日主导的华盛顿会议举行。在中国代表强烈要求的情况下，收回山东主权和废除"二十一条"等议题进入会议议程。就在此时，国内传来消息：亲日派新任总理梁士诒接见日本驻华公使小幡，并就胶济铁路问题进行谈判，准备直接向日本借款赎路。中国代表施肇基、顾维钧、王宠惠立即致电北京国务院核实此消息，北京回电没有此事。在美英等国的斡旋下，中日两国遂于 1922 年 2 月 4 日签订了《解决山东悬案的条约》及其附约。

这本是一起波澜不惊的外交波折，却引发一场大规模的战争。那么，中日问题何以成为这场战争的导火索呢？梁士诒在其中充当了怎样的角色？这场战争对当时的政治军事格局又带来怎样的影响呢？

直皖战争以后，直系主将吴佩孚一直主张武力统一中国，并为此东征西讨。皖系实力一蹶不振，江苏、陕西均归属直系，两湖又被圈进直系的"自留地"，直系的势力范围不断扩大，其势咄咄逼人，这让"东北王"张作霖很不爽。张大帅眼看吴佩孚羽翼日益丰满，能无动于衷吗？

1921 年 4 月直奉两系召开天津会议。张作霖以蒙疆经略使的身份节制热河、察哈尔和绥远，暂时获得了与直系均等的势力范围。但蜜月期短暂，很快因为军饷与财政问题，奉系提出必须改组内阁，让能来钱的人当总理。张作霖推举的总理人选究竟是谁？

这个人便是梁士诒。梁士诒何许人也？袁世凯统治时期，曾任总统府秘书长、交通银行总裁、财政部次长等要职，是支持袁世凯称帝的急先锋。袁世凯死后，他被列为帝制祸首，受到通缉。梁在外交财政上确实是个"牛人"，不仅在南北政府都有人脉资源，而且与日本人打交道多年，借钱的事是轻车熟路。

沦为通缉犯的梁士诒躲在香港，受到张大帅提携顿感枯木逢春，赶忙北上赴任。组阁后，对奉系自然是投桃报李。奉系借梁士诒而支配中央的财政、交通，借日款来赎回胶州济南铁路，用日款来支持奉系的扩张计划。张作霖由此腰杆变硬，说话更加狂妄。在此间召开的保定会议上，张提出军人不得干政、吴佩孚回两湖巡阅使原任等主张，说白了就是不让吴佩孚过问中央的事，以使自己毫无顾忌插手北京政府的财政外交等事务。

吴佩孚一生最痛恨仰望外国人鼻息，对梁士诒的亲日借款极为愤慨，他义正词严地发出通电："牺牲国脉，断送路权，何厚于外人！何仇于祖国！……"吴佩孚的谴责之举引起全国同胞群情激奋，推动了全国国民筹款赎路的爱国行动。全国商教联合会、联合京师总商会、全国报界联合会、全国学生联合会等共同组织"救国赎路集金会"，赎路风潮如火如荼地开展起来。

◎ 1918年11月13日,参议院院长梁士诒与各国外交官。

　　吴佩孚将矛盾直指梁士诒,领衔江苏、江西、湖北等六省督军省长联合电请免去梁士诒内阁总理一职。一般情况下,这类倒阁电文,总统收到后知情存档即可。但这次总统徐世昌接到电报后亲批了"交院"二字。言下之意就是你梁士诒自己看着办吧。梁士诒还算有自知之明,赶紧辞职离府。国务总理一职暂由外交总长颜惠庆代理。其实,到了这个份上,谁当总理已经不重要了。为什么呢?

　　张作霖已拿准备打仗的出兵计划,正调兵遣将。这个计划非常周密,意在瓮中捉鳖,对吴佩孚形成钳制包围圈,目的是端掉吴佩孚洛阳老巢。除奉军主力外,张作霖还联络南方北伐军与皖系旧部将领以及利用直系内部矛盾倒戈一击,意在将吴佩孚主力一举歼灭,从而构建一个"铁三角同盟"。张已指挥奉系大军分批入关,进驻军粮城、津沽、密云以及津浦线马厂一带。这一计划一旦实施,吴佩孚将四面受敌、首尾难顾,战局不堪设想。

◎ 1922 年，吴佩孚 (1874–1939) 在洛阳拥重兵与奉系开战。

　　此时，作为张作霖亲家的曹锟派出其弟曹锐奔走于直奉之间，调解双方，以避免战端。虽然曹锟是个卖布出身的草莽，但掌控直系俨然一个忠厚长者，信任吴佩孚却又总怕他"惹是生非"，所以做了好多擦屁股的事。此次直奉冲突，他四处走动，与徐世昌一起动员了赵尔巽、王士珍等北洋元老级人物劝说张作霖与吴佩孚，对此，表面上双方都给了面子。那么，难道吴佩孚就坐等张作霖的"铁三角同盟"前来兴师问罪吗？

　　有吴佩孚在，洛阳几乎成为全国政治的中心。吴佩孚高调斥责梁士诒勾结奉系卖国，振臂一呼，应者云集。对各省来说，吴佩孚打个喷嚏，督军们都是要备些感冒药的，各方都在密切注视吴佩孚的态度，对于军事上的应对，吴却显得非常淡定，他专门发通电辟谣说，本帅和奉张决不开战，这让大家都心生疑惑。事实也是如此，吴不过是在争取时间，因为他的主力还在陕西和两湖，部署调遣上晚了奉张一拍。

　　吴佩孚动员直军12万之众，决定以洛阳为总指挥部，大部集中郑州，分作三路进兵：第一路沿京汉路向保定前进，迎击长辛店一路的奉军，以京津为目的地。第二路侧重陇海路，联络江苏兵力，以防制南路来兵袭击。第三路是冯玉祥所部与陕军，集中郑洛一带，坚守根据地，并为各方接应。同时任命冯为援直陕军总司令，并代行直鲁豫巡阅副使职权，后方各军统归调遣。虑及军情紧急，吴即刻动身。

1922 年 4 月 25 日，以吴佩孚为首的直系军人齐燮元、陈光远、萧耀南、田中玉、赵倜、冯玉祥、刘镇华等联名通电宣布张作霖十大罪状，直接叫板奉张。计划赶不上变化，此时张作霖策划的"铁三角联盟"因北洋海军总司令蒋拯在上海宣布亲直反奉以及南方形势有变而落空。但奉军的战略部署一点也不比直军逊色。

奉军将总部设在军粮城，张作霖自任镇威军总司令，孙烈臣为副司令，杨宇霆为参谋长，坐镇沈阳。部队分成东西两路，沿长辛店到天津以西，再到静海、马厂，跨京汉、津浦两条铁路线，战线长达一百多公里，对直系大本营保定形成包围之势。直奉间关系危如累卵，战事一触即发。

以少胜多

—— 吴佩孚直奉第一战赶走张作霖

　　近年来，不少研究吴佩孚军事思想的学者形成共识，吴善于运用传统儒家伦理治军，提出军人要以"忠孝为体"，绝对服从命令，严守纪律。他用兵极注重部队的整体素质，常常借用关羽五百精兵破曹兵三十万、岳飞以八百精兵破金兵六十万的经典战例教育将士：兵贵精而不在多。

　　据说，有一次吴佩孚派出学兵团去郑州车站迎接两湖巡阅使王占元，适逢倾盆大雨，士兵直立雨中，纹丝不动。王占元感慨道："说起来真惭愧，看看人家是什么军队，咱们是什么军队！"那么，第一次直奉战争中，吴佩孚如何以六万精兵迎战张作霖十多万东北军的呢？到底凭借什么以少胜多，将奉军打回东北老家？民国以来最大规模的战争又给近代中国带来怎样的影响呢？

　　1922 年 4 月 26 日，两军战线迅速逼近，直军首先发动进攻，直指天津。在两天时间里，阵地几度易手，双方死伤甚重，军情升级。此后，直军来势迅猛，多次攻克奉军防地，声威大振。张作霖不敢轻敌，赶赴军粮城亲自督战。

　　4 月 29 日直军三路并进，向东路良王庄、中路廊坊、西路长辛店同时发起总攻。同日镇威军总司令张作霖向各部下达总攻击令。直奉之间的正面战争正式打响。

东路主要在津浦线进行，直军先声夺人，攻克大城。张作霖之子张学良率兵万余前来增援。双方鏖战一夜，奉军大败，溃退杨柳青，直军攻进马厂。听说西路奉军大败，本来还占据优势的东路奉军弃城奔逃。直军一路追击进占静海，奉军7000余人投降。直军乘胜追击，奉军残部退至军粮城，最后全部缴械。那么，西路战线奉军是如何丢城失地的呢？

西路是最关键的一条防线。期间经历长辛店、琉璃河、卢沟桥三场大战，直军才得以占据优势。西路奉军司令部驻地的长辛店成为双方攻防焦点。直军张福来部、董政国部向长辛店奉军发起攻击，突然，前方突击冲锋时遭遇如雨般的密集爆炸，竟是大片地雷阵，一时间直军损失惨重。但到傍晚，直军西路总指挥孙岳派兵奇袭，突破奉军阵地，歼灭千余人。

奉军增援部队火速赶到，击退直军，收复阵地，追击直军到琉璃河一线时，两军再次交锋。吴佩孚急调补充团冲上前线，击退奉军，进逼长辛店。在夺取长辛店的战斗中，双方展开了异常激烈的拉锯战，伤亡惨重。吴佩孚亲自督战，坚持一天一夜。后奉军炮火猛烈，直军只得边打边退，让出房山。

5月2日拂晓，吴佩孚调整部署，集合西路主力，展开反攻。当双方处于胶着状态之时，吴佩孚面见冯玉祥手下骁将李鸣钟，组织夜间偷袭奉军一部，打完便走。奉军不问缘由，一路追击，结果陷入早已布下的埋伏圈与地雷阵。李鸣钟部截断后路，使奉军首尾难顾、坐以待毙。

4日凌晨，直军主力直扑卢沟桥。奉军一部战场倒戈，张景惠部陷入重围，突围后向卢沟桥溃退，直军占领长辛店。张景惠率残部逃往天津，所部被俘近三万人。至此，西路奉军彻底失败。

长辛店大捷，直军已稳操胜券。吴佩孚亲自指挥的中路战场上双方都派出了精锐部队。直军与张学良、郭松龄所部在霸县一带多次较量，数日激战，直军连败。但听说西路丢了长辛店，为保存实力，张学良决定不战而退。直军一路追击，攻占廊坊。张作霖见大势已去，军粮城不是久留之地，遂退往滦州。

6日，直军长驱直入军粮城。吴佩孚特地到张大帅的大本营转了一圈。然后凯旋天津，津城各路精英、市民纷纷夹道欢迎。他专门安排时间，向天津的北洋元老表达了拜见慰问之意。一阵寒暄过后，曾当过东三省总督的赵尔巽暗示吴佩孚要戒骄戒躁。吴佩孚一点面子都不给："当年你启用了张作霖，如今他藐视中央，挑起战端，祸国殃民，你也该为此负责！"赵尔巽哑口无言。

此时张作霖虽损兵折将，还未丧失元气，想纠集几万人马，负隅顽抗。为肃清关内奉军，直军直捣滦州。奉军别说与直军短兵相接了，听到吴大帅的名字都胆战心惊。张作霖领着败军逃回沈阳老窝，直军一直追到秦皇岛。此后，张还不服输，再次收拾残部反扑秦皇岛，被直军孙岳部打得落花流水。直到此时，张才接受英国教士的从中调停，直奉签订了停战条约。

从战前部署的兵力对比上看，奉军入关部队约12.5万；直军前线部队约6万余人，处于明显的劣势。重武器方面，奉军拥有各型火炮150门，重机枪200挺；直军火炮100门，重机枪100挺，还有飞机两架，也不占优势。直军虽有渤海舰队的六艘军舰，但因列强干预双方空军与海军均未能发挥作用。

直军之所以能以弱胜强，主要得益于吴佩孚在政治上的宏大抱负、国家意识与深孚众望。在他眼里，张作霖从倒戈扶植代理人到贸然派兵入关，一再挑战中央政府，使已破碎的山河面临再次陷入大分裂的危险，是可忍，孰不可忍。

在军事策略上，首先吴佩孚确立的军事目标是将奉张打回东北，保持现有各方势力的平衡，维护北京政府的正统与权威，以图一统河山，所以采取了力保关内安全、背城一战之策。比较之下，张作霖胜可加长伸向北京政府的手，以图中国之一统，败可退守东北老营，目的自私、缺乏必胜信念。

其次，虽然兵力悬殊、装备滞后，但直军特别是从洛阳带出来的军队训练有素，以一当十，纪律严明，勇往直前，战斗力极其旺盛。在战术运用上，吴佩孚在战前就悄悄地将参战部队分为强军与弱军，先用弱兵，后用强兵，试探对方实力，决不轻易拼消耗。等战机一到，他再派强兵突击，一举歼灭对方。

在这次战争，直军多次使用奇袭战术，目标精准、出奇制胜。他又善于辅之以攻心战术，将奉军西路败绩消息传遍东线、中线，不战而屈人之兵。吴佩孚不愧是一名深得孙子兵法精髓的儒将，直奉一役，使直系牢固地掌握了对国内大局的控制权，也由此威名远扬。

其实，张作霖父子也是有政治理想的，只不过在人们传统的印象中其做法似乎更像是在经营奉系自己的"霸业"。孙中山就曾说过，我们在南方搞了几十年三民主义，民生居然不如东北的张家父子！张学良晚年也说："我们张家父子，若不是为了爱国，会有这种下场吗？"

孙文尚武

—— 蒋介石粤桂战争与二次护法中两次临危受命

1921 年圣诞节，宋子文在上海举办圣诞晚会，宋美龄第一次见到蒋介石。正当而立之年的蒋介石一身戎装，风度翩翩，谈笑风生，开始了与宋美龄甜蜜的爱情之旅。谁也没想到，此前的他，两次被孙中山点将，在粤桂战争与二次护法中冲锋陷阵，成为粤军重要将领。而次年又在危急关头护卫孙中山左右，将其从风雨飘摇的广州转移到大上海。

那么，这其中有怎样惊心动魄的壮举呢？孙中山为何要两次急召蒋介石到前线参战？孙中山与陈炯明之间到底有怎样的隔阂竟要兵戎相见？

1920 年初，孙中山发现据粤的滇桂军事强人之间矛盾凸显，遂联合唐绍仪、伍廷芳、李烈钧、唐继尧在上海发表宣言向桂军亮剑。孙手下得力干将朱执信、廖仲恺以及主战将领许崇智和邓铿，督促陈炯明出兵。时任"援闽"粤军总司令的陈从福建撤防讨桂，得到了闽军的支持。福建督军兼省长李厚基支援其军费 60 万元，子弹 600 万发。

桂军盘踞广东多年，在富庶之地将士都变得懒散厌战，而粤军远戍福建，都已归心似箭，接到命令后摩拳擦掌、斗志旺盛，大有破釜沉舟之势。陈炯明大军所到之处，攻势凌厉，还没怎么交火，桂军精锐莫正聪部就节节败退。1920 年 8 月 16 日粤军攻克潮州、梅县等地。

此间，陈炯明驻守汕头督战，各路讨桂军不时传来攻城克地的捷报，孙中山闻讯非常兴奋，致电慰问："预祝最大之成功。"孙急不可耐电促前线将领乘势拿下战略要地惠州。几天时间后，海陆军联合攻占距惠州仅四十里的平山。难道桂军防线都是豆腐渣工程吗？

在东江流域惠阳、龙门一带的战斗越打越激烈，双方都付出较大伤亡但仍未见输赢。就在这个当儿，朱执信得知驻守虎门要塞的部队是他的旧部，遂联络周旋使之反戈。对方提出的条件要朱执信本人亲往虎门主持。朱执信二话没说，只身进入虎门城。

朱的诚意终于打动旧部，虎门守军宣布独立。令所有人没想到的是，守军临阵起义引发冲突，桂军趁乱将 36 岁的朱执信杀害。孙中山得知后极其悲痛："执信忽然殉折，使我如失左右手"。孙中山为他举行公祭大会，建立"执信学校"，纪念这位在粤桂战争中牺牲的英雄，就是今天的广州执信中学。

然而，粤军打回家乡后，战程显得停滞不前。孙中山立召蒋介石从上海急赴广东，协助陈炯明尽快收复广州。蒋日夜兼程，以许崇智部参谋长的身份奔赴前线指挥作战。此间许崇智因病请假，实际指挥战斗的就是蒋介石一人。

蒋介石率领粤军与邓铿部形成合围之势，一举攻克惠州城，声威大震。广州桂军陷入重围之中，粤军几日时间即夺取东莞，直击广州东南。广州桂军见败局已定，岑春煊、陆荣廷等被宣布解除总裁职务，莫荣新带着残部逃出广州，桂系头面人物作鸟兽散。粤军乘胜进入广州。至此，广东全境收复。

11月10日孙中山在上海任命陈炯明为广东省长兼粤军总司令，主持军政。29日，孙中山携伍廷芳、唐绍仪到达广州，通电恢复南方军政府，广州再次成为武力统一中国的大本营。孙逐一安排人事，各路英豪皆弹冠相庆，皆大欢喜。但仍有一个人不高兴，他是谁？为什么闷闷不乐呢？

这个人就是陈炯明。他一心想在广东保境息民，与邻省联防自保，反对再开战端。孙中山一直耐心说服和等待陈炯明转变，可陈炯明对再燃讨桂战火、武力护法不以为然。他对唐继尧说的："中山只是一个大炮"。而孙中山在1921年元旦训诫时态度强硬，北伐统一中国无可选择。5月5日孙中山在广州就任非常大总统。

桂系首领陆荣廷丢掉广东后心有不甘，一心图谋卷土重来。孙中山于是下令对广西总攻击，派陈炯明为援桂军总司令。陈炳焜、莫荣新等闻讯逃走，粤军不战而获梧州。孙中山遂下令讨伐陆荣廷。粤军一路沿西江而上，乘胜占领浔州等多个城镇。陆荣廷通电下野，仓皇逃往越南，粤军搞定广西全境。

随后，孙中山的北伐案获得国会通过，在广州举行北伐誓师典礼，决定由桂林出发直取湖南。在广西的陈炯明仍反对北伐。孙中山催促其赶快出兵，直接向湖南一线进发，陈回电说至少要半年时间的整训，部队才能再接战事。孙中山又急召蒋介石，蒋在旅途中草拟好了北伐作战计划书，一到桂林，就交给孙中山定夺。

就在此时，广州发生了一起谋杀案，孙中山最为青睐的军中先锋、38岁的粤军参谋长邓铿被刺。有人称主谋者为陈炯明族弟陈远生等人买凶所为。但陈炯明一方及驻穗美英领事馆都认为是国民党内讧。邓铿之死，给相当脆弱的孙陈关系雪上加霜。这绝非孤立事件，它预示着怎样的不祥之兆呢？

1922年，孙中山在韶关誓师北伐。北伐军以破竹之势占领江西赣州，再攻吉安。北伐的势头非常迅猛，此时的孙中山踌躇满志，设想武力统一中国指日可待。形势会像他想象的那么顺利吗？

就在北伐形势向好之际，陈炯明手下骁将叶举率精锐粤军突进省城。6月1日，孙中山从韶关返回危机四伏的广州，设宴招待粤军将领，不见高级军官前来。孙一连发三封电报，要陈炯明立即到广州面商一切。陈拒绝此时来广州。他说，在省城军队撤出之前，他不打算回广州。他说，一旦粤军叛孙，则"天下之恶皆归焉"。

6月2日，北洋总统徐世昌宣布辞职。蔡元培、胡适等多位名流联名致电孙中山，呼吁孙践行与徐同时下野的诺言。孙拒绝辞职下野。当时，陈炯明等感到遗憾与不解：既然临时约法已经恢复，孙文却还要坚持造反。粤军高级将领遂决定发动军事政变，驱逐孙下台。次日凌晨，叶举所部开始行动。叶只想将孙赶出广东，在向总统府开炮前让人打电话给孙透露消息……

孙中山在蒋介石等护卫下，由永丰舰辗转乘坐俄国皇后号邮轮驶抵上海，发表"护法宣言"。至此，第二次护法运动宣告失败，这也是孙中山遭受的他一生中最惨重的一次失败。

对孙中山兴兵护法，史学界有不同看法。有人认为孙反对和谈，坚持北伐，失去南北通过谈判实现和解的多次良机，堵住了和平统一的后路，此例一开，战事不断，对国家、对民众都是劫难。有人认为，孙中山是在维护法统，以武力解决中国四分五裂局面乃必然的选择。历史不允许试验，不会重来一遍。是非功过，自有后人评说。

孙中山与陈炯明决裂的全过程详见《北洋大时代——大师们的理想国》中"革命与改良——揭秘陈炯明、孙中山分歧真相"一章。

后发制人

——"东南王"孙传芳一战成名

1924 年 9 月 1 日,直皖战争以"自治"保住皖系势力的卢永祥派其子卢小嘉到沈阳谒见张作霖,请求张作霖支援飞机、军械和银子,张作霖一口应承。此间,孙中山之子孙科、张作霖之子张学良和卢永祥之子卢小嘉召开会议,替父亲们商量合作反直之事,所谓"三公子会议"。

为了反对直系集团武力统一中国,粤皖奉三派组成同盟,时称"三角同盟"。这个同盟结成较早,实际上没有什么实质性的大动作。不过,这三家在反对直系集团、对抗北京政府方面,一直不改初衷。那么,曹锟当上总统之后,卢永祥持何态度?他与江苏督军齐燮元之间的矛盾为何发展到非战不可?孙传芳在其中又充当了怎样的角色呢?齐卢之战对当时的中国带来怎样的影响呢?

孙传芳在湘鄂川战争和第一次直奉战争中深得吴佩孚赏识,委以重任。江浙战争成为他的成名作。孙传芳深得孙子兵法要义,在重视进攻速胜,先发制人同时,更擅用贵柔守雌,后发制人术,即《孙子兵法·军争篇》所说:"避其锐气,击其惰归"。可以说,孙传芳在江浙战争中一举成名,就是恰到好处地运用了"后发制人"术。

卢永祥掌控浙江和上海,手中拥有约 7 万人的皖系最后一支队伍。当时反对曹锟贿选、反对直系武力统一中国的议员大都住在上海,卢永祥成为他们左右时局的核心人物。齐燮元先任江苏督军，而后改任苏皖赣巡阅使，对近在眼里淞沪地区仍然旁落皖系囊中，一直耿耿于怀。但在双方争斗中齐要比卢更信心满满，不仅有吴佩孚这张王牌鼎力支持，还有孙传芳等直系兵力撑腰壮胆。

鉴于当时这一地区的乱局，为防止引发战争，经多方努力，浙江已和江苏、江西、安徽三省分别签订《和平公约》，可是唯独福建的孙传芳对此不屑一顾，视为一张废纸。孙传芳的说法很简单：大家都在中央政府治理之下，订立和平公约简直就是疆吏联盟，目无中央。福建不签和平公约，意味这个公约在这一地区全无约束力。那么，这个僵局能打破吗？

这个时候，吴佩孚的态度成了各方关注的焦点。1924年2月1日，各省和平代表在上海游说卢、齐启动苏、浙、皖军撤防，各方都退让一步，避免发生战端。对此，吴佩孚非常赞赏，公开发表通电，提出"东南完肤，不可不护"的主张，缓和了东南危局。虽吴佩孚也反对贿选，但对卢以反对曹锟贿选之名宣布与中央停止公文往还，并试图依靠"三角联盟"反对北京政府之举甚为不满，准备随时对其进行讨伐。江浙战事一触即发。

◎孙传芳 (1885–1935)。

　　江浙战争是北洋时代第一次海陆空立体战争，那么，海军、空军在战争中究竟发挥了怎样的作用呢？

　　战争爆发前，直系齐军得到海军总司令杜锡珪的大力支持。亲率长江舰队"海容"号巡洋舰、"定安"号炮舰等几十艘舰船奔赴长三角参战。江苏航空队是直系保定航空司令部派驻南京的一个支队。尉迟良任队长，装备了3架从英国购买的小型"维梅"式轰炸机。其人员、飞机、器材和油料均由直系航空大本营直接调配。

　　为了应对此次战事，吴佩孚又调来了1架大型"维梅"式轰炸机。同时，紧急任命北京南苑航空学校教育长蒋逮组织中央临时航空队，蒋逮亲任航空队队长，飞往江苏协助苏齐作战。从陆军人数上看，浙卢强于苏齐，但海空协防上要比齐军薄弱。

　　1924年9月3日，江浙战争在江苏宜兴打响了第一枪。齐军首先对卢军发起攻击，第一天的战斗双方处于胶着状态。次日。总统曹锟下达"对浙讨伐令"，拿掉卢永祥的官职。至6日晚，两军在安亭激战，双方飞机前来助战，势均力敌，未决胜负。

　　9月8日形势突变。这一天，孙传芳的闽赣联军得到了一张布防图，轻易占领了仙霞岭并相继攻下江山、进占衢州。

战事刚开之时，孙传芳静观其变，伺机下手。正当江浙双方杀得难解难分之时，他突发奇兵，如一匹黑马般冲杀入浙。卢永祥猝不及防，想调整部署已晚了一步。卢军遭遇两面夹击，情势非常危急，卢当即决定放弃浙江退保上海。那么，孙传芳是如何得到那张至关重要的布防图的呢？

说起来，孙传芳与卢永祥还是山东老乡，可同乡不及同窗，在战场上"老乡见老乡，翻脸使刀枪"。时任浙江第二师炮兵团长的张国威，与孙传芳曾是日本陆军士官学校的同学。由于他与孙传芳的留日同窗之谊，一直受到卢永祥的排挤。所以，看到齐卢开战，正受命把守浙闽要塞仙霞岭的张国威，遂将仙霞岭卢军布防图送给了孙传芳。

进入10月，孙传芳部攻至湖州、嘉兴一带，卢永祥困兽犹斗，不久孙部从嘉兴直扑上海。在猛烈的钳形攻势与海空军的配合之下，卢永祥招架不住，尽管此时奉军已大举进攻山海关，但"三角支点"鞭长莫及，卢永祥遂通电下野，躲进租界。

10月17日，孙传芳抵达上海，会同齐燮元代表与浙沪联军磋商改编和遣散条件。曹锟任命孙传芳兼督理浙江军务，齐燮元兼淞沪护军使。齐卢之战，孙传芳是大赢家，不但获得浙江一省，而且一下子将五个师人马揽入囊中，为接下来迎战奉军南下蓄足了力量。

1925年1月孙传芳组织江浙联军，迎战南下践行"三角"承诺的奉军。孙传芳如法炮制，还是让齐军先试锋芒，结果被来势汹汹的奉军打得七零八落，齐燮元战败后逃往日本。此时孙传芳扬鞭出马，自任浙闽苏皖赣五省联军总司令，联络各地反奉军队向奉军宣战。10月，孙部占领上海，不久，又将奉军全部赶出江苏。这场战争以孙传芳全面控制上海而告终。

自此孙传芳五省联军总司令的威名从此振聋发聩，人称"东南王"，成为直系后期最具实力的豪杰。

先发制人用锐气，后发制人用潜力。把敌人的锐气损耗到最大限度，而把自己的潜力积蓄到最大程度，一举消灭敌人。孙传芳可谓掌握了"后发制人"战术策略的妙谛，难怪之前吴佩孚在他失败之时仍赏识其用兵之术，一把将其拉到麾下。

后来，孙传芳败于北伐大势下，死于仇家之剑。终其一生，可说他智商过人，骁勇善战，且善用智囊团队，包括张謇、章炳麟、蒋方震、赵恒惕、日本军人冈村宁次都曾被其聘为顾问。孙与吴佩孚等军事强人"崇尚武力一统河山"的战略思想一脉相承，且好战成瘾，成为北洋晚期和平诉求的一大障碍。但在晚年面对日寇利诱，始终坚守民族气节，实为难能可贵。

杂牌 "黑马"

—— 第二次直奉战争张宗昌成了急先锋

北洋时期有这样一个军事强人：他出身卑微却很会打仗。曾经的北漂海参崴经历，让他带了一支"白俄军"令人刮目相看。这个人是谁呢？

他就是张宗昌。第二次直奉大战之前，张作霖并不看好张宗昌的杂牌军，可战斗一打响，他就像一匹黑马杀出林海雪原，率先消灭直系主力，并充当了奉军南下的急先锋。那么，张宗昌有怎样的表现令张大帅另眼相看？又如何使吴佩孚痛彻心扉、悔不当初呢？

第二次直奉战争历时两个月，双方参战兵力达 42 万，陆海空三军加入战斗，规模空前、战况惨烈。主战场为热河、山海关，战线由辽西到冀东，先后经历朝阳、赤峰、山海关、九门口、石门寨等决战。这次惊天动地的战争是如何打起来呢？

为了"三角同盟"的共同目标，更是为报两年前的一箭之仇，1924 年 9 月，张作霖策应江浙战争，兴兵入关。曹锟紧急召在洛阳驻节的吴佩孚火速进京。

9 月 17 日，吴佩孚来到北京受到隆重欢迎，从车站到总统府，警戒森严，直系大将冯玉祥、王承斌、王怀庆等都前往迎接。这是曹锟当总统后，吴佩孚第一次进京且身系重任，也是他一生中最威武显赫的一次。未等吴屁股坐热，曹锟即下令讨伐奉张，特任吴佩孚为讨逆军总司

◎ "狗肉将军" 张宗昌 (1881–1932)。

令，以四照堂为总司令部。

紧接着吴佩孚开始点将布阵，他学过测量，又对东北地区地形和战略要冲非常熟悉，战略部署比较周密得当。除陆军外，海军投入多艘军舰、空军投入 70 余架战机。他从下午 2 时直到晚上 12 时点将，当最后在作战计划成文末尾处写上总司令"吴佩孚"的大名时，突然停电，室内漆黑一片。这难道是不祥之兆？

此时，京奉铁路线已全线断绝，奉军开始向朝阳、山海关方向运动。就在吴佩孚运筹帷幄之时，奉军在义县一线与直系接战，第二次直奉战争的大幕就此拉开。

在南路战场，奉军未经激战即一路攻城。先后攻占阜新、朝阳。听到奉军迫击炮连发轰炸，巨响震天，前敌总指挥刘富有半夜率部运走财物，当了"跑路将领"。

直奉双方率先争夺的战略地区是热河战场，能否掌控热河，关系重大。首先进攻的是奉军，南路部队为李景林、张宗昌率领直插喜峰口；北路则以骑兵为主，由通辽经赤峰南下承德，向长城各口展开进攻。

北路战场在赤峰一带打得非常激烈。张宗昌部与直军董政国部在玉麟山鏖战八昼夜，双方伤亡惨重。张宗昌缴获到了直军军事布防图，避实就虚，侥幸取胜。同一时间，赤峰之战打得正酣，难分胜负。奉军飞机及时赶来轰炸赤峰，城内一片恐慌，直军乱了阵脚，奉军遂占领赤峰，先头部队迅速直逼长城脚下的要隘冷口。

　　那么，吴佩孚的战略部署本不该如此捉襟见肘，热河战场何以轻易让奉军占了先机？

　　最关键的原因在于冯玉祥放水。第三军司令冯玉祥与援军将领胡景翼私下早有预谋策反，一直按兵不动。张作霖看此情形，一面命张宗昌部牵制住直军精锐董政国部，一面将主力部队秘密调往山海关。

　　吴佩孚派重兵把守山海关，修牢工事，居高临下，占居先机。奉军由郭松龄指挥正面进攻，其他部队从北面侧应。双方形成对峙后，动用了多兵种作战。空军不间断轰炸直军阵地，直军以高射炮还击。直系海军有四艘军舰驶往秦皇岛以北助战，本想运送骑兵登陆奇袭沈阳，可奉军飞机密集轰炸，使他们无法靠岸。

　　10月7日，张作霖下达总攻击令，奉军全线出击，双方主力在要隘九门口展开激烈拼杀。奉军攻势凌厉，直军两个团长临阵脱逃，九门口被攻破，中央防线被撕开大口子，守将冯玉荣自尽。奉军直逼山海关前站石门寨，直军紧急增援，决意死守石门寨。在京坐镇的吴佩孚再也坐不住了，立即赶往前线督战。他为将士们打气："十五天荡平逆军！"

　　山海关之战是此次直奉较量的角斗场，精锐部队尽在阵前。吴佩孚发出悬赏，动员将士夺回九门口。奉军怎肯吐出到嘴的肥肉，依凭险要地势，拼死抵抗。随即奉军组织敢死队，进占石门寨，与直军展开肉搏战。炮火之下，死尸成堆。郭松龄提出暂时休战，遭到吴佩孚拒绝。此时各方已阵亡万余人。吴佩孚决战到底的信心又遭遇怎样的变故呢？

　　正当山海关杀声一片之时，第三军总司令冯玉祥于10月19日突然回师北京。冯军昼夜兼程，未放一枪控制了北京城。

　　冯玉祥倒戈的消息传到前线如晴天霹雳，形势陡变。心中暗喜的张作霖令奉军各部乘势猛攻，散发大量劝降传单。直系将士军心涣散，精神萎靡。吴佩孚虽镇静自若，一边部署讨冯，一边指挥守关，却首尾难顾，无回天之力。

　　此时的张宗昌部被放在最前面，张作霖的部署大家都懂，可谁也没想到张宗昌的这支部队非常勇猛，一举攻破直军防线，攻入冷口，并与倒戈的直军胡景翼部一起，逼迫董政国步步后撤。然后，他们分兵而下占领滦州，将直军截成两段，切断其交通，大举南下合围秦皇岛及山海关的直军，直攻唐山。

　　到10月31日，在张宗昌部势不可挡的攻势之下，直军如潮水般退却。奉军缴获的枪支、军械堆得像小山一样。吴佩孚坚守不入租界的原则，拒绝到天津日租界避难，遂登上军舰南下流亡。至此，第二次直奉战争宣告结束。此后，张宗昌升任军长，他一马当先，乘势南下，一直打到上海。那么，在战略部署与前线指挥上并无失误的吴佩孚败在何处？除了冯玉祥等人临阵倒戈外，还有什么原因导致了这次阻击战一败涂地？

　　武力统一中国一直是吴佩孚的理想，个人品德威望一如阳春白雪。所谓"水至清则无鱼"，当年张宗昌欲投之山东老乡帐下，因名声不好吃了闭门羹。包括冯玉祥、胡景翼等直系主将对吴佩孚也是面和心不和、离心离德，如何能精诚团结，共克顽敌？！

在军事实力上，吴佩孚也不占上风。张宗昌打造的"外籍兵团"中有不少洋兵曾参与欧战，对新式战术运用娴熟。吴佩孚招募的少年军用的是汉阳造，只会挖掘小战壕，与奉军从西方购进的新式飞机大炮根本不在一个档次。

更重要的，过往直军战绩辉煌，已滋生骄横之气，加之派系林立，争斗不断，战斗力大大削弱。直系虽掌控中央政权，但从曹锟贿选，腐败日深，军队欠饷严重。上阵前就有士兵说："上战场放两枪就算对得起他了。"而曹家兄弟拥有巨额资产，挥霍无度，焉能不败？！

张宗昌的成功，得益于他青少年时代的屌丝经历。他曾经历挨饿受冻之苦，放过牛，当过伙计，闯荡苏俄当筑路工、装卸工、扳道工，这一切磨炼了他的意志。张宗昌落下"狗肉将军"之名，最终死于仇家之手，问题出在他没有文化上。不是他厌学，而是出身卑微，没有机会。他在俄罗斯竟学会说一口流利而又发音准确的俄语，在西伯利亚淘金还深受俄国人的信任，一直当上了总工头。

张宗昌立下赫赫战功之后，如一夜暴富的土豪，骄奢淫逸，恶名远扬。但张宗昌有两点还是值得肯定的：一是接济生活有困难的乡里乡亲，从不吝惜银子；二是崇拜有文化的人，且趋之若鹜，由此闹出学写诗词、附庸风雅的笑话。奉系打进北京时，张宗昌做了一件惊人之事，就是恢复孔学，大兴教育。

纵观张宗昌作为北洋军事强人的一生，应了时下一句流行语：没文化很可怕。

北京政变

——冯玉祥三大"逆天之举"

1924 年 9 月，直系主将冯玉祥以南苑建成"昭忠祠"举行落成典礼之名，把第十五混成旅旅长孙岳请到北京，经过一番交谈，双方达成共同寻找时机发动兵变的意向。密议结束，冯玉祥令人以草堂为背景与孙岳合影，作为纪念，史称"草堂密议"。

那么，这一共同举事的密谋计划是如何实施的？冯玉祥做出过哪些惊人之举？"北京政变"又是如何改变近代中国政治军事格局的呢？

曹锟大搞贿选活动时，冯玉祥提前退出了贿选活动，这就与曹大总统结下了梁子，落得个"扬威上将军"的虚名，甚至到总统府办公事还要向曹锟打点。这是怎么一回事呢？

有一次，冯玉祥派人去陆军部领军械，跑了好几趟都没领到一支枪。冯问何故，办事的人说不送钱怕是什么也领不到。无奈之下，冯好不容易凑足十万元送上去。结果，下午钱送到，傍晚就接到领枪炮的电话。第二天大总统召集会议，见了冯玉祥和颜悦色道："焕章，你这么苦，还给我送钱，我实在太过意不去！"

就在曹锟下令讨伐张作霖的那天，孙中山在广州发表"北伐宣言"，讨伐曹锟、吴佩孚，又派孔祥熙给冯玉祥送来他亲笔书写的《建国大纲》，冯玉祥为之一振，觉得举事时机渐趋成熟，决定伺机呼应南方行动。难

◎以惯于倒戈和治兵严苛闻名的"基督将军"冯玉祥 (1882–1948)。

道冯玉祥想反水，吴佩孚一点也没有觉察吗？

其实，吴佩孚从来就没有将冯玉祥视为心腹之将，而是用而防之。直奉开战前，他左叮右嘱孙岳、胡景翼盯住冯，以防不测，万不得已，将其解决之。吴还专拨几十挺机关枪给胡说，这不光是打奉张，关键时候可能派上用场。吴哪里知道此时胡景翼已与冯玉祥、孙岳"桃园三结义"，就等吴佩孚大军开拔山海关了。

直奉战争打响后，冯玉祥向曹锟建议：大军开赴前方，北京防务空虚，最好调孙岳到北京拱卫首都。孙岳曾担任过曹的卫队旅旅长，曹锟欣然接受，立即委任孙岳为北京警备副司令之职，分守各个城门。

专家说，冯玉祥历来用兵神速，这次一反常态，就任第三路军总司令后总是有理由慢腾腾的前行。他还特地将最贴心的爱将鹿钟麟部作为殿后之军，到时好立即掉头冲在最前面。冯的总司令部到达古北口后，以筹措军粮为名，按兵不动。所安排的军事训练就是朝着北京方向急行军。

此前冯就与张作霖父子有过接触，战争打响后，张作霖派出代表赶到古北口见冯玉祥，提出双方联合一致对付曹锟、吴佩孚。最后达成两点协议：一、事成之后，国事由孙中山主持；二、奉军不得入关。

吴佩孚在前线督战，命参谋长电催各军急赴前线，参谋长给冯玉祥电报时最后加了一句："大局转危为安赖斯一举。"本来是怕冯玉祥行动迟缓，强调战局紧张。结果，反而使冯玉祥更加坚定了举事的信心，立即部署掉头回京。

　　10 月 21 日全军行动，各部以最快的速度向北京进发。先头部队的炊具放在路上不动，以便后续部队到达时缩短吃饭和休整时间。仅一昼夜，先头部队鹿钟麟部就到达北苑，各部行军速度都在昼夜 100 公里左右，创造了当时步兵行军的最快纪录。

　　北京内应已接冯玉祥班师之电，遂断绝城内交通，预备大车、麻袋等物堵塞总统府前。又派兵破坏京奉、京汉铁路交通。而后鹿钟麟一部伪装入城，迅即占领电报局、电话局、车站等重要机关，分头实施预定计划。由孙岳派兵守卫总统府，曹锟被监视在中南海延庆楼，不准与外间接触。发动北京事变，软禁总统，这堪称冯玉祥第一大惊人之举。

　　那么，举事得手后，冯玉祥还做了哪些令人意想不到的事呢？

　　管理曹锟财产与直军装备的兵站总监李彦青，平时常为难冯玉祥，冯将其逮捕枪决。曹锟之弟历来不是省油的灯，搜刮巨资，为虎作伥，冯玉祥并不想杀他，只是想逼他将贪腐的巨款吐出来，没想到他要钱不要命，吓得吞了鸦片自我了断了。

　　冯玉祥将兵变部队改称"国民军"，为配合奉军打击直军残部，派兵占领了天津。吴佩孚将司令部移至军粮城，此时国民军若穷追猛打，势必对其形成夹攻之态，逼得吴佩孚无处可逃。但冯玉祥接受他人劝告，放了吴佩孚一条生路，不再追击。

　　冯玉祥痛恨封建帝制，大局初定后，立刻派鹿钟麟把溥仪逐出宫去。对优待清室条件做出修正，宣布永远废除皇帝专号，故宫一律开放，准备作为国立图书馆和博物馆之用。同时被遣散出宫的还有太监 470 余人、宫女百余人。溥仪逃往日本公使馆，再逃往天津日租界。这是冯玉祥所做的第二件惊人之事。这件事情使得民国政府的合法性大大降低了，毕竟民国是通过与大清建立契约而建成的，冯玉祥公然践踏契约精神赶走溥仪，这使民国的共和"屋漏偏逢连夜雨"，从此千疮百孔。

　　冯玉祥等随后通电全国公布《建国大纲》。电请段祺瑞出山，就任中华民国临时执政。同时还电请孙中山北上商讨国家大事。就在段祺瑞就任临时执政的当天，冯玉祥突然宣布解除兵柄，决心下野，军队如何

◎贿选大总统曹锟 (1862–1938)。冯玉祥政变后将其囚禁。

处置，完全听命国家。这是冯玉祥带给人们的第三个"没想到"。

段祺瑞执政后，张作霖撕毁原有协议，大批奉军开入关内。段祺瑞、张作霖分享冯玉祥的政变果实，这让冯玉祥后悔莫及。有人给他出主意，一不做二不休，干脆将张作霖父子给解决了。冯玉祥当即否决说，如果张作霖出事，日本会趁机进占东三省，于国家大不利。

凡事预则立，不预则废。任何一个政治家、军事家、谋略家都不能意气用事，不计后果。有人曾概括《孙子兵法》为十六字：料事要准、遇事要忍、出手要狠、善后要稳。大半个世纪来，人们一直在问，冯玉祥为什么要搞北京政变？据说，张学良曾说冯玉祥搞北京政变不是因为他觉悟高，而是收了他五十万元。

此时的吴佩孚败军退往河南、四川一带，受到当地土豪的款待。面对满桌酒肉，吴佩孚说："免了吧！战火连绵，百姓连肚子都吃不饱，我们哪还能开荤！"他令人只留下几个小菜，其余全撤下。

吴佩孚给乡绅们留下诗句："天落泪时人落泪，哭声高处歌声高。世人漫道民生苦，苦害生民是尔曹。"忧民之情跃然纸上。听说吴大帅到此，引来不少百姓前来围观，都知道他是名儒将，书法很有功力，就向他求字索诗。吴佩孚不分贵贱无欺，有求必应，部队都开拔了好长一会，他还那里不慌不忙地为村民们挥毫泼墨。

没想到，这倒救了吴佩孚一命。原来，他的先头部队出村子不久就遭遇土匪伏击，秘书长被乱枪打死。据说，这并非偶然，当地乡绅事先知情，要保护吴佩孚，又不愿得罪土匪，就不断派人缠住吴吟诗写字，使他免于劫难。

如果没有北京政变，吴佩孚有可能与南方和解而统一中国，这样就为积蓄力量迎战日寇赢得十年时间。而且，东三省若在疾恶如仇、一直将列强视为敌人的吴佩孚掌控之下，即便"九·一八"事变不可避免，也将会是另一番模样。

唉，没有办法，历史上总会有这样的搅局者，这就是历史……

无线战争

—— 让"正义之师"的电波再飞一会儿

美国人莫尔斯原本是一位画家，后来他发明了"莫尔斯电码"，被广泛运用于新闻与军事领域。历史学家汤姆·惠勒曾说："林肯用电报加固了他胆怯的将军们的脊梁，将他的战略部署传达到前线……电报成为他赢得南北战争的重要工具。"

北洋战争时的"电报大战"，大树特树自己为"正义之师"。那么，当时"字字千金"的电报如何被枭雄们作为重要舆论工具的呢？一封封火药味极浓的通电背后有着怎样的玄机？又有谁在幕后为之绞尽脑汁、极力以此鼓动社会舆论、攻讦对方软肋的？

第一次直奉战争开始之前，双方曾展开拉锯式的"电报战"。一时间，中国上空，直奉双方的电波在飞来飞去。

1922 年 1 月，梁士诒新内阁秘密与日本公使接触，企图接受在华盛顿会议之外，与日本秘密直接谈判，向日本借款借以赎回胶济铁路，并将该路改为中日合办，聘请日本人担任车务长及会计长。吴佩孚向梁士诒内阁发起一轮最强的舆论攻击。称其"勾援结党，卖国媚外"。

自此，梁士诒的卖国行径大白于天下。一时间，国人愤怒，群情鼎沸，纷纷对梁士诒进行斥责。梁士诒做贼心虚，陷入被动，仅一个月后就请假去职，而后逃往日本躲避。此次倒阁导致直奉两系发动战争。

吴佩孚携直系将领发出讨奉通电，宣布了张作霖"障碍统一、倒行逆施、危害国体、丧权媚外、负罪友邦、破坏法纪、纵匪殃民、黩武逞兵、劫掠饷械、行同盗匪、残杀同类"等十大罪状，呼吁各省枭雄"尽我天职匡扶正义"，一时间火药味十足。

这回张作霖不甘示弱，通电矛头直指吴佩孚："狡黠成性，殃民祸国，醉心利禄，反复无常……唯利是图，无恶不作……障碍统一之巨奸，天地之所不容，神人之所共怒。"与此同时，双方还利用各自控制的报纸发表评论，相互攻击，煞是热闹。

"正义之师"的电波南北纷飞，电报局领导权也成为战争双方争夺的对象。上海作为当时全国电信和报界中心，为各路英豪所看重。上海电报局局长就像走马灯似的，平均任职不到一年，甚至出现"双黄蛋"——同时有两个局长，各有各的后台老板，一时间成为笑谈。

要开仗，先吐槽，自古有之。在历史上，陈琳骂曹操，一直骂到曹操他爷爷。后来，曹操没有杀陈琳，还留用他，让当时的文人为曹操加分不少。比起陈琳来，骂武则天的骆宾王可就没那么幸运了！徐敬业兵败被杀，骆宾王吓得人间蒸发，下落不明，成为历史上的一大谜案。

时人都认为舆论战打得最好的是吴佩孚，有"无日无时无吴之通电"之说。比如他在电文中骂张作霖："白山黑水之马贼、狠若吕布，凶逾朱温、非我族类，德不能化"，令人拍案失笑。吴佩孚的电文还套用《为徐敬业讨武曌檄》、《祭鳄鱼文》，被称之谓"新古文观止"，可作国文范本而不愁文思之不畅、文笔之不雄健。吴佩孚的这些电文都是他亲笔所拟吗？

其实，吴的操刀手是杨云史。杨是江苏常熟人。毕业于北京同文馆，他的著作在当时极受好评，康有为对他有"绝代江山"的评价。权倾一时的李鸿章见杨才华横溢，将长孙女嫁给他。

杨云史担任吴的幕僚，所经大小战役，都用诗记下详情，有"诗史"之称。二次直奉战争中，冯玉祥突然倒戈兵变，杨云史一口气写下十首诗痛骂冯玉祥："虽赵高之害蒙恬，董卓之劫洛阳，华歆之逼汉献帝，不能专恶于前……"揭露冯玉祥收了奉张贿赂。吴佩孚有诗云："戎马生涯付水流，却将恩义反为仇。与君钓雪黄州岸，不管人间且自由。"上联痛骂冯玉祥背叛，下联表达了他与杨云史之间的深厚交谊。

民国通电，唇枪舌剑，互相攻讦，骂人不带脏字，又刀刀见血，如此酣畅淋漓抒发救国救民情怀的，除了吴佩孚，就要数饶汉祥了。

饶汉祥任都督府秘书长，是黎元洪的御用文笔。袁世凯、黎元洪谋杀张振武，全国舆论哗然，饶汉祥代黎起草"辩诬"长篇通电，为黎元洪擦屁股，使其重收民心。饶从此声名鹊起，"饶体电文"一时成军中电报之时尚。

据说袁世凯只要看到饶汉祥的电文，就立马戴上眼镜，提笔圈点精彩之处。有一次，饶回乡省亲，袁世凯赶忙备足厚礼，派员带着他的亲笔信前往慰问笼络，但饶不为所动。黎元洪沉浮飘摇，饶始终不离左右。黎元洪"废督裁兵"的通电竟然用了三千字，这是怎么一回事呢？

　　第一次直奉战争结束，推举黎元洪当总统。黎元洪开出的条件是各方豪强"废督裁兵"。按说"废督裁兵"不过四个字，发电报在当时是按字收钱的，并不便宜。可饶汉祥如椽大笔一挥，洋洋三千多字，竟创下了民国通电篇幅之最。

　　并非饶汉祥在卖弄才华，"废督裁兵"遭到各系强烈抵制。如果黎元洪爽爽快快就答应下来，让各路枭雄继续招兵买马、占山为王，他便是坐在火药桶上当总统，岂不图虚名而处实祸？所以，此时饶汉祥为黎多花些笔墨是物有所值的。长篇通电加讨价还价，黎元洪终于宣誓就职，"黎大苕"又回来了！

　　草莽出身的张作霖，"电报大战"能玩得过吴佩孚等儒将吗？

　　张大帅的手下也有能人。1924年第二次直奉战争爆发，张作霖想到两年前，自己舆论上总是吃亏。这回他给自己的老秘书出了道难题，因曹锟是张作霖是亲家，既要骂到痛处，又要给曹留点面子。

　　老秘书搜索枯肠，字斟句酌，终于起草了一封致曹锟的电文，末一句为："将由飞机以问足下之起居"，调侃之中暗藏杀机。

　　当时，有句流行语："打电报，电报打，报打电"。从通电扩展到报纸，枭雄间吐槽可称当时多媒体的舆论战与宣传战。双方交战前，谁能运用好"通电"这一宣传利器，抓住对方致命之处，掌握主动，先发制人，就能为交战预支一张具"合法性"的信用卡。

　　其实，纵观北洋期间发生的战争，绝大多数都是军事强人怀揣共和理想，肩挑一统山河的大任，在和平路线图无法打开的前提下，不得已而兴师动武的。因此，电报这一迅捷的通讯工具就像当下的微信一样，成为各路枭雄号令四方、陈明正义的舆论武器，物尽其用，顺理成章。

第四卷

民国一统

　　◎两湖战役何以将贺胜桥作为双方血拼的战略要塞？蒋介石强攻武昌城之策何以失灵？国民革命军第四军为何像打了鸡血般浴血奋战，势不可挡？他们又是怎么获得"铁军"殊荣的呢？

◎ 1922年，孙中山、宋庆龄在广州与总统府卫队官兵合影。前排坐者右为叶挺，左一为薛岳，左二为张发奎。

黄埔东征

—— 蒋介石武力赶走专心搞民生的陈炯明

在孙中山最后的日子里,他还一直念念不忘着大举北伐,也就是通过武力自南向北实现全国的统一。他曾经到广东北部的韶关督师,不过还是未能得偿夙愿。在当时战乱不休、民生维艰的背景下,百姓极度渴望休养生息,民间普遍弥漫着一股厌战的情绪。

一些地方上的领袖最先对民意做出回应,他们积极倡导民主自治。其中湖南最早开始了这方面的尝试,倡导先由各省自治做起,最后通过联省自治,实现全中国联邦式的和平统一。如果这一想法实现,一个美国式的国度将在这片古老的土地上崛起。陈炯明为这个大胆的想法所振奋,为实现联省自治,不惜与孙中山闹翻。

1925 年初,手握军权的蒋介石大举东征,目标是彻底摧毁陈炯明的势力。值得一提的是,当时周恩来也在这支东征军里,并担任政治部主任一职。

以黄埔师生为主力的东征军在战场上势如破竹,之所以能如此顺利,除了前仆后继的黄埔师生外,苏联顾问和军火支援也发挥了巨大的作用。黄埔军校甫一开校,就得到了苏联的大力帮助。他们不仅派顾问前来指导,还用俄舰运来大批枪炮。

◎以东征军不抓壮丁、不强买强卖、不欺压百姓的事实，让所到之处的老百姓觉得这是一支与以往完全不同的新式军队。东征军得到民众与社会各界的支持，士气大振，作战勇猛。

◎主张联省自治的粤军总司令陈炯明(1878-1933)，与孙中山政见不合。

2月5日，东征军乘胜追击，占领东莞县城。在进攻东莞的作战中，周恩来带领政工人员在东征军展开强有力的宣传鼓动。他们在行军中带领士兵们高唱革命歌曲，向沿途群众宣传打倒军阀，实现国家统一的道理。

他们还以东征军不抓壮丁、不强买强卖、不欺压百姓的事实，让所到之处的老百姓觉得这是一支与以往完全不同的新式军队。东征军得到民众与社会各界的支持，士气大振，作战勇猛。

在所有讨伐陈炯明的粤军部队中，由黄埔军校组成的学生军不仅兵力强，而且作战非常勇敢。其他部队的主要武器就是每个战士一把步枪，而黄埔学生军专门设有炮兵营，有多门山炮、多挺机关枪以及大量便携的驳壳枪。在战场上，陈炯明的部队只要一听到连续射击的枪炮声，就闻风丧胆，都知道这是火力强大、不要命的黄埔学生军。

占领东莞后，东征军继续以铁甲车开道，向南挺进。先后占领常平、平湖火车站、深圳等地。

在3月中旬展开的棉湖之战中，何应钦率领一千多人迎战陈军近万人的部队，形势极为危险。战斗打响后，何应钦一部陷入陈部包围之中。何应钦沉着应战，指挥官兵向敌方展开刺刀肉搏战，最后连学兵连、团部警卫、勤务兵、伙夫都投入了战斗。激战一直坚持到了下午，援军才赶来增援。同时，钱大钧教导团突袭敌人后方，打乱敌方阵脚，终于为何应钦解了围。

在棉湖之战中有个细节：黄埔军校炮兵连的山炮突然哑了。身为连长的陈诚急得冒了一身汗。在一旁观战的蒋介石觉得在苏联顾问面前很没面子，非常生气，他亲自冒着战火直奔前线阵地要看个究竟。看到蒋介石发火，陈诚手忙脚乱的将其中一门山炮挪了个位子，稍微调整了一下，装上炮弹，亲自操作，只听得"轰"的一声巨响，炮弹飞向了敌阵。陈诚大喜，立即命令其他炮手如法炮制，结果令人喜出望外，架高炮位，山炮便奇迹般地"康复"，一齐发威，炸得敌人抱头鼠窜。后来，炮手们与苏俄军事顾问研究后才知道，是山炮撞针打得过热变软，须冷却一阵后才会恢复硬度。

战至傍晚，各路东征军纷纷赶来支援，陈军再无力抵抗，被逼入江西境内。至此，东征军取得了棉湖之战的重大胜利。

棉湖战役，是第一次东征中最为激烈的决定性战役。事后何应钦说："此次战斗，为时虽不过一日，但战斗之惨烈，实近代各国战争所少见，其关系革命成败亦最巨。"加伦将军评价道："这次战役在世界战争史上都是很少的，苏联十月革命时，处境非常困难，但士兵们作战非常英勇，但也很少有可以和这次棉湖战役相媲美的。"

一系列军事斗争的胜利，不仅使国民革命政府迅速实现了"底定广东"的愿望，还使蒋介石成了政府与民众颇为倚重的"长城"。1925年10月12日，中共机关刊物《向导》上发表了一篇中共创始人陈独秀的文章：

"现在蒋介石先生手创了有力的党军，用这包打军阀绝不扰民的党军，不顾成败利钝地肃清了那些拉夫开赌、苛税苛捐、各霸一方、历年扰害广东人民的滇、桂、粤各派小军阀，以图广东军政财政之统一，这不但为国民党建立了惊人的勋劳，并且为已死的中山先生出了多年力不从心的怨气。"

1925年12月3日和30日，陈独秀又在《向导》杂志上发表多篇文章，称蒋介石是"实行反对帝国主义及军阀、实行三民主义的革命派"。

在"三民主义"的信徒中，蒋介石并不是唯一一个继承孙中山北伐遗志的人。当时国民党无论左右，都想着以武力统一中国，不过具备军事实力的只有蒋一人而已。历史证明，蒋介石迅速平定广东，建立起真正属于国民革命政府的广东根据地，为日后北上打倒北方军事集团、形式上统一全国，奠定了坚实的政治和军事基础。

此时蒋介石对苏联的功劳并不讳言，甚至公开承认："我们今天能够消灭叛逆，达到这个目的，大半可以说是苏俄同志本其民族的精神、国际的实力与其革命的使命，起来以至诚与本党合作，帮助我们中国效力所致。"

反奉之战

—— 郭松龄与张少帅的师生对决

"古有萧何月下追韩信，近有学良单骑追松龄"，这一追，竟使吴佩孚二十万大军毁于一旦……这是电视连续剧《张学良与郭松龄》中一段离奇曲折的情节。

第二次直奉战争时期，奉系前线将领郭松龄受他人排挤，又与张学良在战略上发生矛盾，愤然率部撤退。张学良策马追出几十里，将郭松龄劝回战场，两人抱头痛哭……随后，郭松龄置生死于不顾，勇猛攻击大举来犯之直军，一口气打到秦皇岛，为第二次直奉大战的全胜做出了贡献。

那么，作为奉军著名将领，郭松龄有何过人之处？张学良为何将其视为生死与共的密友？深受张大帅恩泽的郭松龄最终又何以与奉系反目为仇、不共戴天呢？

郭松龄，字茂宸，同盟会会员。在奉军中，郭松龄不仅是出类拔萃的优秀教官，而且为人正直，带兵打仗很有章法，深得人心，他虽比张学良大十八岁，却一直与张学良保持着亦师亦友的亲密关系。张学良对郭松龄用人不疑，郭松龄对张则言听计从。因此，张学良常说："我就是郭茂宸，郭茂宸就是我。"

1925 年 11 月 13 日，张学良在天津召集郭松龄、李景林等开会，

◎郭松龄（1883—1925）在冯玉祥支持下倒戈，几乎颠覆奉系。

传达向国民军进攻的密令，郭不同意向国民军挑起战端。张作霖闻讯后察觉郭有异心，遂发急电令郭部回奉听候命令。郭立即派人与冯玉祥密谈，准备联手反奉。

作为亲密战友的张学良，对郭松龄的异举持何态度呢？11月20日，张学良在天津面见郭松龄，郭向张陈明进攻国民军的利害，坚持己见，言谈之中露有反心。张学良对其已有警觉，回奉途中对山海关的防务作了周密部署，以防不测。

郭松龄之所以下决心联合冯玉祥对奉系倒戈一击，因为奉系内部派系林立，郭松龄从大局考虑的意见得不到采纳。张作霖、杨宇霆各打着各的算盘，欲继续出兵关内。郭认为奉军入关，实属穷兵黩武、劳民伤财，故坚决反对。又听说张作霖为了发动战争，准备与日本签订密约，郭松龄更是不能容忍。道不同不相与谋，郭松龄决意与奉系势不两立。那么，郭松龄为举兵反奉做了哪些准备呢？

郭松龄与冯玉祥、李景林结成了反奉三角同盟。11月22日夜，郭松龄连发三个通电。第一，反对内战，主张和平；第二，拥戴少帅，谴责老帅；第三，讨伐宇霆，以清君侧。就是要赶老子下台，拥少帅上台，清除杨宇霆等人，实行民主共和政治。

反奉通电得到了国内各界的声援，郭部开始进行反奉动员，编出了顺口溜鼓舞士气："郭军长真不赖，领着大军回奉天，去大帅，锄大奸，解除百姓苦，去掉民艰难，给土地，建家园。不怕天寒与地冷，打不垮老张什么都完蛋！"

11月30日，郭松龄在山海关将部队正式改为"东北国民军"，战士戴上绿色臂章，上写"不扰民，真爱民，誓死救国"。随即部队向奉军发起进攻，势如破竹，奉军连连败退。12月5日，郭军攻占连山，此时的张作霖已考虑下野。

12月7日，郭军攻占锦州。几乎没有遇到像样的抵抗，就迅速攻到巨流河岸，再前进一步就是沈阳了。张作霖将汽车停在帅府门口，随时准备逃跑。12月14日，郭发表了《敬告东三省父老书》，把张作霖骂得狗血喷头。此时日本人持何态度呢？

起初日本人看到郭松龄部颇得民心，且来势凶猛，就派人拉拢郭松龄，被郭严词拒绝：这是我中国人的家事，不关日本人的事！此后，日军对开往营口的郭军予以阻挠，使郭发起总攻的时间一拖再拖。日本人又将大石桥、辽阳、沈阳、抚顺、长春等14个铁路沿线重镇划为禁区，不准郭军通过。还急调军队，随时准备干预郭军反奉。

12月21日夜，郭松龄下达总攻击令，在巨流河东岸与张学良率领的奉军作战。此时，日本人的干涉给了奉军喘息之机，张作霖日本顾问荒木贞夫找来退伍军人，担任奉军的炮手，日军还支援张作霖大批军械、弹药，足够奉军用两个月。

研究者称这是一场学生与老师的对决。张学良望着湍湍流淌的巨流河，百感交集。之前郭松龄与张学良在此举行军事演习，对这里的地形都很熟悉。谁也没有想到，今天两人却要在这里决一雌雄。

12月23日夜，郭军的后方重地白旗堡受到奉骑兵偷袭，大量的军粮、枪械和弹药被焚毁，战况转向有利于奉军一方。张学良乘势给郭军将领打电话，承诺只要放弃进攻，既往不咎。郭军参谋长邹作华率先动摇。奉天空军原在郭松龄控制之中，事变发生后，立即全部飞回奉天。郭军四面受敌，军心浮动，士气低落，军中流传："吃张家，穿张家，跟着郭鬼子造反真是大冤家。"

一批将领竭力主和、军心已涣散，但郭松龄仍坚持与奉军决一死战。被张学良策反的邹作华突然将所部炮兵旅撤回，并停止了前线子弹供应，给了郭松龄致命一击。郭松龄只好携夫人韩淑秀及随行人等突围。因韩淑秀不会骑马，郭松龄等人化装成农民坐骡车逃跑，一行人被奉军骑兵追击打散，郭松龄夫妇被捕。

1925年12月25日上午10时，郭松龄夫妇被枪决。有人说对郭立斩决是杨宇霆出的主意，他担心夜长梦多，张学良出手相救，便向张作霖进言立斩郭松龄。临刑前，郭松龄视死如归，大声喊道："吾倡大义，出贼不济，死固分也；后有同志，请视此血道而来！"此时，郭松龄42岁，韩淑秀35岁。张作霖命令将郭氏夫妇尸体在小河沿体育场曝尸三日示众。

郭松龄的夫人韩淑秀，毕业于燕京大学，思想进步，一直从事社会福利与救济事业，堪称奉天奇女子。她和郭松龄的相识、相知与共同赴死，演绎出一幕凄美的爱情。

辛亥革命期间，奉天当局也曾对革命党人进行了疯狂的镇压，同盟会会员郭松龄曾被捕被押往刑场。

在此紧要关头，韩淑秀挺身而出，对监斩的东三省总督赵尔巽大喊："总督大人，刀下留人！"随后，她为郭松龄担保，并称他们已订婚三年，绝非革命党。赵尔巽只好放人。郭松龄与韩淑秀遂结为生死与共的夫妻。这次支持丈夫的反奉，在劫难逃，临刑前她说："夫为国死，吾为夫亡。吾夫妇可以无憾矣！望汝辈各择死所。"

郭松龄反奉失败的原因是多方面的。除了日本人干预外，冯玉祥的国民军为抢占地盘，将本来是盟友的李景林当成了敌人，在郭军进攻时又没有相机跟进配合，导致郭军孤立无援，受困待毙。后来，冯玉祥回忆这段历史，将所有罪责都推给了日本人以及李景林等人的内耗，只字不谈自己的背信弃义、坐山观虎。

当时郭松龄调转枪口，率七万大军对决奉军，虽然失败，却是清朝灭亡辛亥革命以来，东北波及面最广、影响最大的一次革命性反戈。这次反戈几乎摧毁了张作霖的统治。当时《盛京时报》评论道："郭公为改造东三省之伟人，为民请命，奋不顾身，今不幸罹于死难，凡我同胞，同深悼惜。"

当时报上还专门配了一副挽联。上联是："死者不复生，唯有前仆后继，偿我公未了志愿"；下联是："忍者夫已逝，行将众叛亲离，尽他日依样葫芦"。可见，反奉之战唤醒了"统一和平"之民心，国家分裂之势已触动众怒，奉系军事集团从此一蹶不振，这为民国一统奠定了一定基础。

郭松龄夫妇之死，成为张学良的终生遗憾。张学良给饶汉祥的信中说，学良与茂宸共事七年，情同骨肉，事前未能制止，事败不能援手，每当想起，就追悔莫及。后来，张学良每遇棘手之事，就感叹说："有茂宸在，哪用我为这份难？"

1981年是"九·一八"事变50周年，张学良慨叹道："如果当时郭松龄在，日本人就不敢发动'九·一八'事变了！"

悬案解密

—— 大帅反苏甚于反日的任性谁来索命

　　苏联解体后，许多绝密档案被解密曝光。一则关于中国的惊天历史大悬案浮出水面：当年皇姑屯爆炸案系苏联间谍策划、实施的。一时间，全世界舆论一片哗然。真凶难道真的不是日本关东军？暗杀张作霖的真的是解密档案记载的苏联间谍萨尔嫩、埃廷贡等人？皇姑屯那一声惊天的爆炸背后，到底是日本人还是苏联人炸死了张作霖？此事件究竟隐藏着怎样的真相？

　　让我们掀起历史迷雾，拉开真相帷幕。

　　1928 年 6 月 4 日凌晨，奉系首领张作霖因为兵败，在从北京退回关内途中，在皇姑屯车站附近的老道口处被炸身亡，史称“皇姑屯事件”。被炸身亡的张作霖是当时中国北方最具实力的军事强人，除东三省外，还控制着热河、察哈尔、绥远三个特区。

　　张作霖出身马帮，在日俄战争中曾为日军效劳，后被日军扶持为奉军首领，张作霖及其奉系势力随后迅速崛起。

　　日本支持张作霖的目的就是欲实施其“满蒙独立”计划，进而实现其独占中国东北、征服中国的野心。

　　然而，日本人渐渐发现，在张作霖掌握权势后，经常露出强烈的抗日倾向。

◎日本关东军参谋河本大作。皇姑屯事件的幕后策划者。

1916年5月27日，张作霖在火车站送走贵宾回大帅府途中，接连两次遭遇暗杀，张作霖急中生智，飞身上马，在马背上与卫士互换上衣，侥幸获得躲过这次暗杀。

这次奉天刺杀张作霖事件，据传日本人嫌疑最大，但是按照当时的形势，拉拢扶持张作霖应是日本人的唯一选择，难道还有别的玄机，为何日本人非要置其于死地？

张作霖早期为平内乱曾被迫与日本签订卖国协议，日本公使以"君子一言驷马难追"要求兑现，张作霖拒绝履行。他说，做马贼土匪无关紧要，成王败寇，但千万不能做汉奸，死后要留骂名的。日本朝野因此都认为张作霖无信无义，中国人不可信，右翼分子借机叫嚣消灭张作霖占领东三省。张作霖曾多次遭到日本狂热军国分子的暗杀。

1924年张作霖不顾日本反对，开始筑建东北铁路网，打破了日本长期控制东北铁路干线和垄断铁路运输的局面，双方矛盾因此更趋激化。

1928年，北伐军兵临北京城下，东北王张作霖败走。危机时刻，日本人承诺，只要他签下一纸条约，可全力扶持他，让他摆脱危机。那么，日本人让张作霖签署的是什么样的协议呢？

签的是《满蒙新五路协约》，其中约定满蒙新铁路，一旦建成，东北将完全由日本人控制。张作霖心知肚明，因此只在协议上签了一个"阅"字，对日采取软磨硬泡，装糊涂推脱老招数。被耍弄了的日本人终于恼羞成怒。

　　因此据说，便有了以下文献资料记载的一幕：1928 年 6 月 3 日，日本关东军高级参谋河本大作为他布下"必死之阵"，在皇姑屯火车站附近的桥洞下放置了三十袋炸药。6 月 4 日夜间，张作霖乘坐专列，行驶到沈阳郊区的皇姑屯车站时，专列车厢下突然发生剧烈爆炸，张作霖胸部负重伤，送到沈阳医院不久便断了气。

　　出来混总是要还的，靠日本人起家，最终亡于日本，这似乎也是冥冥之中的定律。

　　然而日本人却一直不承认是他们暗杀了张作霖，很显然，他们凭借军事实力消灭张作霖轻而易举，何况当时北伐军势如破竹，张作霖败势已定。那么，如果张作霖真不是日本人暗杀的，那会是谁呢？

　　自苏联绝密档案解密后，这一事件变得更加扑朔迷离了，更多的疑问摆在人们面前：苏联人为什么要干掉张作霖？张作霖怎么和苏联人结下仇了呢？

　　"张作霖的死，全是中东铁路惹的祸"。一位俄罗斯专家在文章里这样写道。

◎ 1928 年 6 月 4 日，张作霖乘坐的列车被炸现场。

1926 年 1 月，张作霖军队在中东铁路使用问题上与苏方发生纠纷，双方矛盾冲突不断升级，及至 1927 年，一贯反苏的张作霖不顾国际法，派兵强行闯入苏联驻华使馆搜查抓人，苏联人自此对张作霖恨之入骨，决心除掉张作霖。苏联特工就曾试图把炸弹带进张作霖大帅府内，可炸弹刚进中国，就被巡警捕获。

◎ 1926 年主政北洋的张作霖。

　　因此也有一种说法，指皇姑屯事件可能也是苏联特工所为，为了将这次暗杀行动嫁祸于日本政府，苏联特工小组特意把炸弹埋在了由日本关东军警戒的铁路桥梁上。

　　不过苏联人帮助日本人除去早就不满意的代言人，另外寻求鹰犬，来扩展日本在东北的权益，这么做苏联人似乎有点傻。因此说皇姑屯事件是苏联人制造的，也是缺乏足够依据的。

　　尽管日本人对张作霖不满，但是当时东北主要矛盾是日本和苏联，张作霖与日本人不再和睦，但比苏联关系还是好很多。日本既然决定暗杀，那就没有必要在自己的军事地盘上实施。值得一提的是，张作霖是当时中国最强硬的反苏力量，作为苏联最大的敌人日本人来说，这是他们能够允许张作霖势力存在的决定性理由。在张作霖死后，他儿子与日本人互动还很密切，对苏联人却动了武，1929 年 10 月 12 日东北军与苏联爆发了一场死伤数万人的战争。如果张学良怀疑是苏联人杀害他父亲的话，他挑起的这场战争无疑可以看作是报杀父之仇的行为。

二战之后，国际法庭对日本战犯进行审判，虽然冈田启介主动招供，称此案系日本关东军河本大作等人所为，但是经各方专家长达三年的调研取证，以缺乏可信性和实际证据为由，做出结论：河本大作不能列为疑犯。"皇姑屯爆炸案"自此成为历史悬案。

时至今日，张作霖是不是死于日本人并不重要，重要的是，张作霖的死让后世意识到了这些近代史上强人的重要性。

远交近攻

—— 蒋介石誓师北伐"打吴、联孙、不理张"

第二次直奉战争之后，冯玉祥迅速控制了直隶、河南、陕西等地，吴佩孚为报冯玉祥倒戈之仇，与奉系联合进攻冯玉祥。吴佩孚沿京汉铁路北上，占领了直隶和河南，将冯部逼入绥远。从此直系东山再起，想在中国北方与奉系平分秋色。

广州国民政府两次东征和南征后，打败了广东境内的派系，基本完成了广东、广西两省的统一。此时，几乎所有人的目光都盯着北方的直系军事集团，国民政府出师北伐，以安天下，成为众望所归的当务之急。那么，蒋介石对此采取了怎样的态度呢？

1925年12月15日，在平定广东一战中春风得意的蒋介石决定趁热打铁，把目标放在北洋军事集团上面。他在向国民党军事委员会呈上的"军政改革计划"中写道：

统一广东，以统一革命根据地之目的，今日定可实现矣。然此乃为国民革命之第一步也。广东既定，全国人士期望于政府者愈殷；北伐实行，我革命军所需之战斗力亦愈大。胜利不可幸至，北洋军阀固有必败之道，然其军队之抵抗力量，实非陈炯明诸部所能比拟，我必于军政之统一，军事之训练，军事之准备，切实注意，尽革前弊，而后能完成国民革命之准备也。

◎ 1928 年 7 月 6 日，北伐成功，蒋介石与冯玉祥前往北京香山碧云寺公祭孙中山。

　　1926 年 1 月 4 日，蒋介石在广东举办国民政府公宴。就是在这一次宴会上，他首次发表关于主张北伐的公开讲演：

　　我对于今日中国全国的局势，以及本党的前途，都曾仔细考察，深信我们中国国民党必能统一中国……本党今年再加努力，即可将军阀一概打倒，收复北京，奉迎总理灵榇到南京紫金山安葬。

　　1 月 6 日召开的国民党"二大"上，蒋介石在军事报告中认为北伐时机已经成熟："现在的国民革命军，完全在政府管辖之下，一个命令出来，可以动员的人数有八万五千人，枪械也有六万杆；我们的政府，已经确实有了力量，来向外发展了……"

　　4 月 16 日，国民党中央推选蒋介石为军委主席，政治委员会与军事委员会举行联席会议，决定由蒋介石、朱培德、李济深三人草拟北伐准备计划，由宋子文筹办军饷。此时，赴湘联络唐生智的陈铭枢、白崇禧也带来了好消息。

　　5 月 10 日，蒋介石召集各军军长举行军事会议。当蒋介石提出要白崇禧出任他的前线总参谋长时，李宗仁面露难色，以白崇禧资历浅、年纪轻为由相辞。其实，人称"小诸葛"的白崇禧是桂系的骨干，更是李宗仁的左右手，李宗仁生怕这一走"小诸葛"要另寻其主了。

蒋介石坚称，选拔白崇禧出任前线总参谋长确是考虑到他神机妙算、军事才能无人能比，而且白是保定系老底子，与其他军中将领一样都是他的同窗好友，有利于统一指挥调配协调。他一再向李宗仁说明调用白崇禧对北伐的重要性。

见李宗仁不情愿，蒋介石承诺，北伐军打下武汉，就将白崇禧还给李宗仁。李宗仁哪里知道，白崇禧对蒋介石的赏识重用求之不得，立即抓住这一难得的破格提升机会，积极辅佐蒋准备起北伐的一切军备事宜来。至此，李宗仁再舍不得也无济于事了。

5月底，一个大鼻子的外国人来到了广州后，他就是苏联军事顾问加伦。军事委员会根据加伦的意见重新拟定了作战计划。包括：先打击吴佩孚军队，攻占武汉，然后与国民军会合。对孙传芳采守势，为了保证右翼不受孙传芳的攻击，以一部分兵力对江西进行监视。同时固守广东根据地，留驻一部分军队护卫闽、粤边境。这一战略计划为蒋介石所采纳。

6月5日，国民政府通过"刻期北伐案"，任命蒋介石为国民革命军总司令，负责具体筹划北伐事宜。

有意思的是，国民革命军北伐军全军有10万之众，共分8个军，每个军都有党代表，缪斌、李富春、朱克靖、廖乾吾、李朗如、林伯渠、黄绍竑、刘文岛等分别担任各军党代表，其中不乏共产党人。总司令部以李济深为总参谋长，留守广州，其职由总参谋次长白崇禧代，邓演达为总政治部主任，总顾问鲍罗廷，以加伦为军事顾问。

谁也没有想到，包括桂系李宗仁在内的各路南方军事强人与国民党将领都旗帜鲜明支持北伐。但就在北伐军整装待发，一个杂音从媒体传来，令各界都感到惊讶，是谁发出如此惊人之语呢？

1926 年 7 月 7 日，陈独秀发表《论国民政府的北伐》的文章，旗帜鲜明的提出北伐是讨伐北洋军事集团的一种军事行动，而不能代表中国民族革命的全部意义。警告新的军事集团借"北伐"的名义搜刮百姓、侵犯人民自由、压制工农运动等等。

一石击起千层浪。这盆冷水泼来，令北伐军核心层大为恼火，蒋介石紧急应对这一可能误导军心民心的舆情，由时任国民党主席的元老张静江出面"危机公关"。张静江请鲍罗廷劝陈不要再有此类文章，并亲笔给陈独秀写信陈明利害，这事才算平息。

在陈独秀发表文章的两天后，蒋介石就任国民革命军总司令，北伐誓师典礼隆重举行。孙科捧着孙中山遗像，国民政府主席谭延闿授印，监察委员吴稚晖献旗，现场气氛热烈澎湃。随后，蒋介石发表了感人至深的北伐誓词：

国民痛苦，水深火热；土匪军阀，为虎作伥；帝国主义，以枭以张。本军兴师，救国救民；总理遗命，炳若晨星。吊民伐罪，迁厥凶首；复我平等，还我自由。嗟我将士，为民前锋，有进无退，为国效忠；实行主义，牺牲个人；丹心碧血，革命精神……

7 月下旬，蒋介石率领部队离开广州，开始了国民革命军第一期北伐。当时的局面是吴佩孚、张作霖、孙传芳三路军事集团各据一方，蒋介石为避免他们联合起来对付国民革命军，制定了"打倒吴佩孚、联络孙传芳、不理张作霖"的策略。在这一策略的指导下，蒋亲自给孙传芳发出"希望归顺革命阵营"的电报，希望能够集中力量首先消灭吴佩孚，继而消灭孙传芳、张作霖两大军事集团。

8 月 5 日北伐各军都按计划到达指定地点，集中完毕。由此揭开了轰轰烈烈的北伐战争序幕，一场大战箭已上弦，一触即发。

铁军亮剑

——血拼贺胜桥苏俄军事顾问愿赌服输

贺胜桥原是湖北咸宁的一座普通的桥，因为历来是兵家必争之地而闻名天下，其中最为著名的战事就是北伐时的"两湖战役"。

贺胜桥出产的鸡别有一番风味，贺胜桥鸡汤因为北伐大捷而名声大振，使以后来自四面八方的来客，都会到贺胜桥喝一碗鸡汤。据说，喝了贺胜桥的鸡汤会带来好运。

那么，两湖战役何以将贺胜桥作为双方血拼的战略要塞？蒋介石强攻武昌城之策何以失灵？国民革命军第四军为何像打了鸡血般浴血奋战，势不可挡？他们又是怎么获得"铁军"殊荣的呢？

两湖地区是直系集团吴佩孚的势力范围。北伐的首敌就是吴佩孚，由国民革命军第四、第七和第八军担任两湖战场的主攻任务，以攻占长沙、武汉为战斗目标。

1926年7月初第四军陈铭枢、张发奎两师从海南岛北上，直达湖南。7月5日北伐军前敌总指挥唐生智先发制人，分兵三路，突然向湖南吴佩孚军队发动攻击，吴部在北伐军的强大攻势下一路溃退。

仅仅不到十天，唐生智就率部进驻长沙。随后，李宗仁率第七军后续部队抵达长沙，北伐军受到长沙各界人士的欢迎，一时青天白日旗遮蔽长沙城。北伐军轻而易举地摆平了湖南，那么，接下来如何攻取湖北呢？

8月12日，北伐军总司令蒋介石亲临长沙。当晚召开军事会议，制定攻打两湖战役第二阶段作案方案。蒋介石与李宗仁互换兰谱，结为

◎四十年代初的叶挺 (1896–1946)。

异姓兄弟。帖子上写："谊属同志，情比同胞，同心一德，生死系之。"

蒋介石的苏联军事顾问加伦与李宗仁打赌，李说只需 14 天就可打到武汉，加伦以两打白兰地酒作为赌注，说李部 20 天内也难搞掂武汉。那么，这场赌局谁赢谁输呢？

8 月 19 日，北伐军在汨罗江前线向湘北发起总攻。22 日凌晨抵达岳州城外。李宗仁部乘敌不备发起进攻。吴佩孚部见北伐军来势迅猛，几乎不作抵抗，使慌忙逃窜。23 日，北伐主力在北港会师，进驻大沙坪。25 日各路大军会师蒲圻。

汨罗江战役后，北伐军马不停蹄向北挺进，推进至汀泗桥。因此处地形险要，吴军部署重兵守桥。吴佩孚亲率刘玉春等精锐之师南下增援，形势对北伐军不利。

攻克汀泗桥的任务落在了第四军的头上。8 月 26 日黎明，北伐军各部同时向汀泗桥进击。叶挺率独立团一马当先，黄琪翔率三十六团配合行动。晚八时许，黄琪翔部夜袭敌营，战士们在吴守桥部队的密集扫射下隐蔽前进。到了深夜，先头部队发起冲锋，冲入吴军阵地展开白刃战。汀泗桥几易其手，双方伤亡惨重。到 27 日早晨，北伐军各部协同作战，一举拿下了汀泗桥。

叶挺率独立团一口气追出数十里，残敌闻风而逃，顺机占领咸宁城。第四军副军长陈可钰闻讯后，说"好胜鲁莽，过于急进"。随后陈可钰沿粤汉铁路到达咸宁。沿途除一条铁路可通行外，四面都是水域，若遇敌阻击，情况会非常危险。陈可钰看到地形如此险要，不得不赞叹叶挺

"具有军事天才，能见机进取"。

虽然丢了汀泗桥，吴佩孚手里还有贺胜桥，仍自信满满。他动员将士："昔以汀泗桥一战而定鄂，今以贺胜桥一战而定天下！"吴军主力集结贺胜桥，志在固守天险，扭转败局。

北伐军连续攻城，弹药匮乏。北伐军参谋长白崇禧接到各部请求拨给子弹的电报，他囊中羞涩，就给官兵打气："没有子弹就与敌人拼刺刀，等打下武汉，拿下汉阳之兵，我们就不愁子弹了！"

8月29日，李宗仁部攻至贺胜桥的正面，其他部队攻战贺胜桥东部地区。双方主力集结贺胜桥，一场大战在所难免。

8月30日晨，双方开始交火。第四军以叶挺独立团为先进攻主力直捣敌阵。在其他部队两侧夹击之下，双方进入白刃肉搏战。革命军多次打退吴军反扑，将铁路沿线阵地撕开一个大口子。吴佩孚临阵督战，号召将士誓死守卫贺胜桥。战事异常激烈，双方相持不下。

武长铁路工人组织的交通破坏队冒着炮火，拆铁轨、毁铁路，以阻止吴军增援部队，配合北伐军进攻。

面对北伐军的一次次强攻，吴佩孚亲率督战队、大刀队、机枪手死守贺胜桥。发现官兵临阵逃跑，立即用机枪扫射。溃败部队跳水逃跑，在吴督战队机枪扫射下血流成河。吴佩孚恼羞成怒，将逃跑被杀的十多个人头悬挂在电线杆上示众。

但兵败如山倒，吴佩孚再怎么折腾也挡不住北伐军的凌厉攻势，何况吴军已互相厮杀，阵地连连失守。眼看北伐军已冲至桥头，吴佩孚只得仓皇逃跑。8月30日10时许，北伐军第四军占领贺胜桥。

经过昼夜血战，贺胜桥战场一片狼藉，尸横遍野。国民军先头部队不顾收拾战利品，踩尸而过，直奔贺胜桥车站。进入车站内的吴军指挥部，看到有一桌热气腾腾的饭菜，战士们估计吴佩孚做好的饭连鸡汤都没来得及喝，饥肠辘辘的他们准备饱餐一顿，但此举被陈铭枢呵止了，因怕吴军下毒。

贺胜桥一役告捷后，北伐军一部日夜兼程，沿粤汉铁路追击溃逃之军，一直追到武昌城郊，几乎没有遇到大的阻击。

李宗仁以 12 天的时间打到了武汉。在武昌城下，李宗仁笑着对加伦说："加伦将军，快拿酒来！"加伦愿服输，向李宗仁竖起了大拇指。

北伐军围攻武昌时，蒋介石由长沙坐专车到唐生智前敌总指挥部附近的车站，质问唐武昌城为何久攻不下。唐说，武昌城城墙坚固，已挖地道准备突破城墙缺口，打算再从口子攻进去；还准备策动守城门部队起义。蒋说："这还不好攻？我们攻惠州时，就是冲上去的。"蒋让唐生智立即准备梯子攻城。

第二天一早，蒋介石与副官长张治中打着绑腿前来督战。打了一天，攻城部队伤亡惨重，武昌城仍未突破。蒋只好按唐生智的计划，劝降守城部队。蒋走后不久，守军贺对廷打开了城门，唐生智、陈可钰指挥各部同时向武昌城发起总攻，北伐军如潮水般涌入城内。

此时，刘玉春部仍依托蛇山作负隅顽抗。叶挺率独立团只用了一个小时，便拿下蛇山，刘玉春成了俘虏。至此，武昌城全部攻克。从北伐出师到攻克武昌，第四军赢得了"铁军"的称誉。叶挺、黄琪翔被授予少将军衔。1927 年 1 月，因两湖战役与江西之战功勋卓著，张发奎被任命为"铁军"军长。

此后，北伐军乘胜追击，经过江西之战、福建之战、浙江之战、安徽沪宁之战、冯玉祥进军陕西、四川易帜、大战豫东、阎锡山易帜、涿州之战，直到会师京津、东北易帜，国民革命军北伐大功告成。

1928 年 6 月 12 日，国民政府发表宣言，宣告北伐统一完成，军政结束，训政开始。按说，此时蒋可以带着北伐的将帅们到贺胜桥好好地喝一碗鸡汤了，可他与李宗仁结为金兰的生死帖还未捂热，蒋桂战争就开打起来了……

直到今天，孙中山的遗训仍耐人寻味："革命尚未成功，同志仍需努力"。

风波诡谲

—— 蒋介石第一次下野之谜

当国民革命军在战场上浴血拼杀的时候，南京和武汉分别建立起国民政府。这又是怎么一回事呢？一切还要从这次北伐说起。

1926年9月7日，北伐军攻占汉口，11月8日攻占南昌。就在蒋介石在南昌指挥北伐军进攻孙传芳的时候，广州国民政府做出北迁武汉的决定。

1927年1月，国民党中央政治会议在南昌召开，先后通过中央党部暂驻南昌和要求第三国际撤回鲍罗廷的决议。2月10日，国民党在武汉召开中央执委全体大会，会后，汪精卫、谭延闿、孙科、宋子文、徐谦等人被选为国民政府常务委员。

1927年4月1日，蒋介石会见从欧洲经莫斯科回到上海的汪精卫，二人达成一项共识：蒋支持汪主持国民党党务，而汪则承诺阻止武汉反蒋。次日，国民党监察委员吴敬恒、李宗仁、黄绍竑、陈果夫等人在上海举行紧急会议，声称"共产党连结容纳于国民党之共产党员，同有谋叛证据"。

4月9日，蒋介石离开上海前往南京。就在他走后的第三天，上海青帮头目黄金荣、杜月笙等人组织起"上海共进会"，联合右派分子及军队在上海大肆逮捕、杀害共产党人，史称"四·一二"反革命政变。

◎ 1927 年的蒋介石。

不久，广西、广东两省分别在李宗仁、李济深的主持下开展"清共"。

4 月 17 日，胡汉民、蒋介石、柏文蔚等在南京的国民党中央执行委员联合部分监察委员，宣布在南京组成以胡汉民为主席的国民政府，并下令通缉约 200 名共产党人。这一事件标志着宁汉正式分裂。武汉方面得知这一消息，立即下令开除蒋介石的党籍并予以通缉。

5 月，在李宗仁和朱培德等人的居中调解下，武汉及南京决定暂时搁置争议，分头继续北伐，避免了内部的战争。

当月底，共产国际决定改变中国共产党革命方略，一方面武装工人农民成立革命新军，另一方面积极推动土地改革。共产党的行动引起了许多国民党军官的不满，何键、朱培德等人也开始"清共"，"马日事变"爆发。

6 月中旬，冯玉祥分别会见武汉和南京的代表后，决定支持南京国民政府，在军中展开"清党"行动。

7月，武汉政府以中国共产党企图武力夺权为由，通过"取缔共产议案"，驱逐鲍罗廷及其他苏联顾问。与此同时，武汉政府还宣布解散共产党机关，调遣军队沿长江而下，准备攻打南京。

武汉政府与南京政府对峙局面的出现，使国民革命军和北伐战争陷入了从未有过的危局。面对一触即发的战争，两个政府却几乎同时发生了内讧。

武汉政府这边，其军事主力早已被共产党渗透，在南昌发动起义。事后，他们不得不承认自己"疏于防共"，同时宣布通缉共产党员。

在南京，李宗仁表面上声称"请总司令自决去处"，实际上威逼蒋介石立即下野。在这种局面下，蒋介石于8月13日发表下野宣言，前往日本避难。

蒋介石一生中，从1927年南京政府成立，到1949年南京政府倒台，22年中，曾经三次下野，回到老家奉化。这次是他的第一次下野。

孙传芳听闻这一消息，乘机对北伐军施以"反攻倒算"，使南京城陷入了岌岌可危的境地。好在北伐军殊死抵抗，赢得了这场北伐过程中唯一的一场自我"保卫战"。

8月19日，武汉政府宣布迁都南京。9月初，汪精卫抵达南京，宣告宁汉正式合流。

然而此时国民政府仍未稳定局面，国内各地报纸铺天盖地都是各地民众、各大团体、各军政首长一致要求蒋介石复职的电报。为了让蒋总司令打消辞意，各地纷纷发起请愿行动。

无奈之下，国民政府军事委员会只好安抚全国各地军民，称"此次蒋介石总司令辞职，中央已议决慰留"。面对疯狂反扑的势力，宁、汉、沪三方合作的"中央特委会"再也无法应付，只好致电召唤蒋介石前来复职。

看到国内局势对自己有利，蒋介石从日本返回上海，在以阎锡山、冯玉祥为首的各国民党党政要员的劝说下，蒋介石同意了复职的请求。12月10日，国民党中央执、监委员齐聚上海，召开第四次全会预备会议，通过了蒋介石复任国民革命军总司令的决议。

1928年1月5日，蒋介石宣告复职并召开了四届二中全会，通过了《集中革命势力限期完成北伐案》，积极筹备二期北伐。

军校枪声

——"不清自清"的清共方案放跑中共英才

黄埔军校师生们在军事上并肩作战,无往不利,在政治上却陷入了长期的纷争之中。这是怎么一回事呢?

说也难怪,黄埔军校的另一个名字是中国国民党陆军军官学校,却为共产党培养出大量军官,怎么能不让国民党动气呢?

很多人对这段历史不甚了解,其实从黄埔建校开始,共产党一直都是学校不可或缺的一部分。就在那段期间,孙中山主动对国民党进行改组,允许共产党员以个人名义直接加入国民党,一起担负反帝反封建的革命重任。周恩来就是在这种情况下,以共产党员的名义担任黄埔军校政治部主任一职。

但是好景不长,国民党内部左右两派产生了激烈的斗争,排斥共产党、提高国民党地位的观点逐渐在党内确立起来,国共合作的晴空上出现阴影。当时黄埔军校里有两个大的学生组织,分别是"青年军人联合会"和"孙文主义学会",国民党左右两派的内部斗争就是通过这两个组织表现出来的。

黄埔军校"青年军人联合会"由黄埔一期"状元"、共产党员蒋先云发起,短短不到两年的时间里,发展会员达两万余名,大量吸收了军校里的国民党左派和共产党员。蒋介石听说该会发展迅速,便命人成立

◎ 1927年1月7日，"清党"前的国民党二届三中全会。前排右起：吴玉章、经亨颐、陈友仁、宋子文、宋庆龄、孙科、谭延闿、徐谦、顾孟余、丁惟汾；第二排右起：朱霁青、林伯渠、毛泽东、彭泽民、于树德、陈其瑗、邓懋修、丁超五、董必武、江浩；后排右起：谢晋、许苏魂、邓演达、恽代英、陈公博、詹大悲、夏曦、王法勤、王乐平、周起刚。

了以国民党右派为主的"孙文主义学会"，以谋求两派间的制衡。

出乎蒋介石意料的是，两个组织不仅没能消除彼此的争吵，还有不断加大摩擦的趋势，更有甚者出现了恶语相向乃至大动拳脚现象。

1925年初夏的一天，轰动一时的黄埔军校枪击事件发生了。事情的起因是青年军人联合会成员要求申领印刷传单用的彩纸，交涉过程中，军校管理处处长、"孙文主义学会"执行委员林振雄与军校政治部秘书、共产党员李汉藩争吵起来，随后拳脚相向。其间林振雄向李汉藩开枪，导致"青年军人联合会"与"孙文主义学会"各自纠集一批成员展开火拼。在多方人员的调停下，局势终于被控制下来。

虽然这次斗殴被压制下去，但"孙文主义学会"成员怀恨在心，四处散布共产党"阴谋暴动"的谣言。自此国共两党的矛盾大有愈演愈烈的趋势。

　　1926 年 3 月 20 日，"中山舰事件"爆发。在国民党右派的重重压力之下，本就生性多疑的蒋介石听信了中国共产党打算武装暴动的传言，立即采取措施扣押了海军局代局长、共产党员李之龙的中山舰。不仅如此，蒋还派人包围苏联顾问团住处，收缴卫队武装，赶走了以周恩来为首的黄埔军校共产党员。国共两党合作协议被国民党单方面撕毁，开始走向完全对立的道路。

　　1927 年 4 月，随着北伐战争的节节推进，蒋开始着手清党，派出青洪帮流氓打手冒充工人，突袭了上海的 14 处工人纠察队。第 26 军以"调解纠纷"的名义，收缴了工人纠察队武装，打死纠察队员达 300 多名。

　　蒋介石的嫡系国民革命军第一军中，有不少原任黄埔教官的中共党员以及接近中共的军校生，成为蒋介石的心头之患。他发现桂系反共立场坚定，白崇禧就是个急先锋。蒋介石在上海找来李宗仁、白崇禧面授机宜，请他们将号称北伐"钢军"的第七军主力调到南京、上海附近，监视第一军。同时，急电两广的黄绍竑、李济深协同清党行动。

　　黄埔军校成为广州"清党"的重点。4月14日，国民政府后方留守主任李济深约黄埔军校代校长方鼎英谈话，传达中央党部"清党"电令。为保护共产党身份的教官和进步学生，方鼎英提出一个"不清自清"的方案。即：自宣布清党之日起三天时间内，准许师生请假自由离校，并可预支三个月薪水作川资，有特殊困难的，可预支五个月的薪水。李济深同意方鼎英提出的方案，但让他尽快落实，越快越好。

　　方鼎英回校后，紧急做出安排，有意放出"清党"消息，让共产党人提前离开学校，确定次日晨点名时宣布"清党"命令。方鼎英实施李济深同意的三天内"不清自清"的方案，为许多共产党员争取到了安全转移的时间。

　　4月15日，黄埔军校以校长蒋介石、党代表汪精卫的名义转发总司令部通令，称共产党"少数奸徒，意存破坏"，要求学生"不可受人挑拨"，对党国大事不可"妄有发言以及越轨行动"。广州戒严司令部发出通告，宣布戒严期内，一律不得集会。就在这一天，共产党员、军校政治部副主任熊雄被逮捕，后被秘密杀害。黄埔军校国民党特别党部宣传委员会政治顾问、著名共产党人萧楚女正在医院接受肺癌治疗，被军警强行送入监狱，于22日在狱中被害。一个多月后，黄埔军校"清党"检举委员会配合广州全市、开始公开抓捕共产党人，几百名黄埔学生被抓，其中不少人被杀害。

◎ 1927 年 4 月 18 日，南京国民政府举行定都典礼。前排自左至右：蒋介石、萧佛成、邓泽如、吴稚晖、伍朝枢、胡汉民、蔡元培、王宠惠。

　　一直同情共产党的方鼎英，抗战胜利后与李济深、章士钊联系，从事反内战活动，并在湖南从事和平自救迎接解放的工作，赞助程潜、陈明仁和平起义。新中国成立后任全国政协委员，热心于两岸统一，1976 年在长沙去世。

　　至此，黄埔军校建立的革命队伍，就这样分化为无法融合的两极。一手创办这所军校的孙中山先生怎么也不会想到，有一天这些曾同窗共读、并肩作战的黄埔军人，最终却因政治歧见而同室操戈，展开了为期两次的国共内战。

◎蒋介石的嫡系国民革命军第一军中，有不少原任黄埔教官的中共党员以及接近中共的军校生，成为蒋介石的心头之患。他发现桂系反共立场坚定，白崇禧就是个急先锋。蒋介石在上海找来李宗仁、白崇禧面授机宜，请他们将号称北伐"钢军"的第七军主力调到南京、上海附近，监视第一军。同时，急电两广的黄绍竑、李济深协同清党行动。

◎1927年12月，集军政大权于一身的蒋介石与宋美龄在上海举行婚礼。

二期北伐

—— 蒋介石一举荡平了北洋系

为了实现二期北伐的胜利，蒋介石在北伐军出发前后，陆续发表了《渡江北伐誓师通电》、《致后方将士书》、《渡江北伐告北方同胞》、《渡江北伐告北方将士文》、《渡江北伐告全国民众文》和《告友邦人士书》等，昭告天下："中正受党、国委托，统帅国民革命军，继续总理遗教，完成北伐大业；第一、第二、第三各集团军已整军前方，待命进攻，中国统一之期已近，国民革命成功不远。"

1928 年 4 月，挥师渡江的北伐军在蒋介石的指挥下，连克台儿庄、郓城、韩庄、枣庄、兖州、泰安等地。5 月 1 日，北伐军攻克济南。

日本军队图谋继续侵占山东半岛权益，以护侨为名占领胶济铁路和济南。蒋介石一面下令北伐军严守纪律、原地待命，一面派蔡公时同日军交涉。没想到的是，日军竟然残忍地杀害蔡公时，阴谋挑起中日战端。

蒋介石忍住悲恸，在日记中留下"誓雪五·三国耻"的誓言，同时命令军队"绕道黄河"，避开日军继续北上。济南惨案给蒋介石的心理带来重大冲击，此后他在日记中坚持每日写上"雪耻"二字。直鲁联军在强大的北伐军队面前一触即溃，望风而逃，张学良的十万奉军更是不堪一击，逃回关外。

6 月 3 日，孙传芳通电下野；次日，张作霖退守东北，在皇姑屯附近被日军炸死；6月8日，北伐军攻克北平，二期北伐宣告成功。

此间，蒋介石对北方大局做出了原则安排，将北平、天津交由阎锡山负责，准许奉军和平出关。虽然6月6日发生了冯玉祥部韩复榘违反蒋介石所定原则，将部队开进南苑，强行收缴奉军一部枪械，但总体上京津地区的态势已大致平稳。

蒋介石为践行复职时的承诺，北伐完成之时即引退之日，遂于6月11日向国民党中央递上了一份辞呈。但当时的中国，如果蒋介石真的退出江湖，那么，势必群龙无首，重新回到混战割据的动荡时代。于是，阎锡山、李宗仁、白崇禧等纷纷给蒋介石发来电报，恳请他以大局为重，继续担当领导，并请他从速北上，主持大计。

1928年6月14日国民党中央执行委员会决议推蒋介石赴北平祭告孙中山，并由蒋介石主持恭移孙中山遗榇来南京安葬这一重大事宜。蒋介石收回辞呈，于6月26日动身北上，一路与李宗仁、冯玉祥、阎锡山等同赴北平。

7月6日，蒋介石率北伐重要将领赴北平香山碧云寺孙中山灵前，举行祭告典礼。这个重情重义的军人当众洒下了热泪：

　　"溯自我总理之薨逝，于今已三年余矣。中正昔侍总理，亲承提命之殷，寄以非常之任，教诲拳拳，所以期望于中正者，原在造成革命之武力，铲除革命之障碍，以早脱人民于水火。乃荏苒岁时，迄于今日，始得克复旧都，展谒遗体，俯首灵堂，不自知百感之纷集也……英士即死，吾师期我以英士。执信继死，吾师并付以执信之重责，而责我一人……今惟教养学子，训练党军，继续遗命，澄清中原，实行主义，保存正气……以助党、军革命之成。"

◎北伐使蒋介石身边聚集起了一批中坚力量，同时与不同派系的结盟，时战时和，形成了三十年代权力游戏的格局。左上起：白崇禧、程潜、阎锡山、张治中、宋美龄与李宗仁、张发奎、杜聿明。

◎北伐途中的吴铁城 (1888–1953)（中），国民革命军独立一师师长，第六军十七师师长兼广州卫戍司令。

短短几年间，蒋介石领导南方革命军北上打垮各系军事集团，推翻北洋政府，结束了长期的国家分裂局面，初步完成了中华民国的统一。作为中山信徒，他确实没有辜负孙中山对他的殷切期望。

这一战役在中国的军事史上留下了辉煌的篇章，好像狂风暴雨一般，迅速平定了国内的各军事势力。虽然国内外存在各种阻力，延后了二期北伐达八个月之久，然而蒋介石排除万难，再次亲自率军渡江北伐，不足四个月便纵横黄河两岸，光复华北、西北，攻克北平，获得了压倒性的胜利。

可以这样说，国民革命军之所以能够在两期北伐中势如破竹，除了它是一场顺应人心的战争外，指挥者的才干也是一个极其重要的原因。蒋介石在北伐中表现出来的军事才华和坚韧意志，以及身先士卒、不畏艰险的精神，大大鼓舞了作战部队的士气。

北伐胜利后不久，蒋介石一手促成了东北易帜。

东北易帜

—— 民国一统"成也张学良"

1928年12月29日，上午七时，东三省的政府部门缓缓升起了青天白日旗。全国人奔走相告，中国终于实现了统一，时任东三省保安总司令的张学良一时间成为世界关注人物。这一天的他，发表讲话公开宣布奉系军队将遵守三民主义，服从南京国民政府。

很多人不知道，其实早在半年前，张学良就与南京国民政府达成了和平统一共识，但是为什么张学良用了近6个月的时间才宣布东北易帜呢？而期间先后有两次易帜计划流产，这其中究竟有哪些不为人知的秘密呢？

1928年4月，在南京国民政府"北伐"逼迫下，张学良背着张作霖，密派特使南下与国民党秘密谈判。两个月后，中华民国陆海军大元帅张作霖决定退回关外。6月4日凌晨5时30分张作霖在皇姑屯被日关东军炸死，这就是历史上轰动一时的"皇姑屯事件"。张作霖临终前，首先决定把后事交给自己的骨肉，他说，快让小六子回来！部下们都明白，这是张大帅指定继承人了。

张作霖死后不久，张学良就任东三省保安总司令。

具有英雄情结的张学良，在成为东北最高领导人后，踌躇满志，一直想干出惊天伟业的事情来，他首先想到了实现关内外的国家统一。

◎北伐胜利后，蒋介石与冯玉祥几番和战，终以冯玉祥被解除兵权收场。

可以说，这是他做出了最有历史意义的决策，但是他宣布统一的易帜计划却是一波三折。

张学良每天都在考虑如何维持住父亲在东北的基业，最好能够超越他父亲雄霸天下。此时，在命运十字路口的张学良，有很多选择，他最终选择了统一。张学良在与中央谈判中，直接坦白地对国民党中央代表再三强调，他不是为三民主义而牺牲一切的人，他需要确保东三省的长期利益，一切须以此为前提。中央最终同意，经过双方协商，决定热河先于7月19日宣布易帜，东三省再于20日发表易帜通电。

到了19日，热河如期宣布易帜，但东三省易帜却迟迟没有动静。沉不住气的南京的蒋介石，连续召开紧急会议研究，最后得出结论：肯定是日本人从中作梗。后有情报显示，事情果然如此。那么，当时与蒋介石还算和睦的日本为何极力阻止东北易帜呢？

原来，就在19日当天，日本驻奉天总领事奉日本首相兼外相田中义一的命令，正式警告张学良不可宣布易帜。日本要求张学良："东北宜以保境安民为重，切勿过于向南方采取接近态度。"并威胁说，"如有扰乱东三省治安者，日本准备根据必要，采取相当手段。"最后直接摊牌说，"与南方合作就无异于同我国对抗……关于这个问题，日本政府不能不给予极大的关注"。

在20日没有成功易帜后，蒋介石接着连续催促张学良在22日、24日宣布易帜。7月24日，张学良无奈地回复蒋介石："东省易帜，不能立时实行……如兄以为非易帜不可，则弟只有去职，以谢我兄相待之盛意。"因为日本已威胁如不听劝告，即用武力。

第一次易帜计划宣告流产。

7月31日，在蒋介石持续劝诱之下，张学良以丧事为由向后拖延，同时一再向蒋介石表示"决不有负我兄之意也"。

8月6日，张作霖葬礼举行，日本田中派特使林权助参加，并向张学良递交了田中的亲笔信，在信中明确要求张学良实行"东北自治"。9日，林权助更露骨地对张学良说："屡次传达帝国政府对南北统一反

◎ 1926 年的张学良 (1901-2001)，两年后他通电全国，宣布从即日起遵守三民主义，服从国民政府，改变旗帜（将北洋政府的五色旗换成国民政府的青天白日满地红旗）。此举标志着北伐的结束、国民政府完成统一，以及北洋政府的正式结束。

对易帜……东三省若与国府妥协，势必侵害日本既得权利与特殊地位，倘若东三省擅挂青天白日旗，日本必具强固决心，而取自由行动。此刻请汝毅然决然，勿为浮言所动。"日使更恫吓张学良说："日本政府具有决心，反对奉方与国府妥协，即谓干涉内政，亦所不辞。"

国民政府为争取张学良，开出了更高的筹码。10 月 8 日，国民党中常会在蒋介石的推荐下，张学良成为国家领导人——国民政府委员。第二天，张学良就欣然同意就任国民政府委员，公开承认南京国民政府的中央政府地位。蒋介石看到张学良表态后，就再次要求张学良立即更换旗帜，宣誓就职，并希望"以十七年双十节为兄完成统一之纪念日也"。

这一次，张学良再次欣然承诺将在双十节实现易帜。

屡次食言的张学良会履行诺言吗？

◎ 1928 年，张学良在东北易帜，助蒋介石完成统一。

　　果然，在东北政权内部亲日派的强烈反对下，张学良对蒋介石提出了进一步的人事要求，而南京国民政府并没有很快明确表示同意，双十节易帜的计划再次流产。

　　对于双十节易帜计划的再次失败，已经被张学良折磨的精疲力竭的蒋介石，终于明确向张学良表示，只要实行易帜，其他条件均可商量。

　　好事多磨，这一次蒋介石的运气来了，此时日本田中内阁正处内外交困境地，对东北易帜问题过问较少，在此期间对张学良的争取工作有所减弱，同时，蒋介石非常有诚意地答应了张学良的所有要求，东北易帜的时机至此成熟。

　　1928 年 12 月 29 日，张学良在奉天省府礼堂举行东北易帜典礼。张学良通电全国："自应仰承先大元帅遗志，力谋统一，贯彻和平，已于即日起宣布，遵守三民主义，服从国民政府，改易旗帜。"

　　南京国民政府第一时间即电复了张学良等人："完成统一，捍卫边防，并力一心，相与致中国于独立自由平等之盛，有厚望焉。"

在四分五裂了近20年后，多灾多难的近代中国终于实现了全国统一，尽管是形式上的统一。全国因此掀起了庆祝的热潮，张学良的声望一时无二。

对于张学良，后人争议很多，有很多误会。比如，人们普遍认为，张学良对蒋介石帮助最大，因张学良东北易帜，得以帮助蒋介石取得中原大战的胜利，但实际上中原大战爆发是在东北易帜两年后。

关于他的争议更多，有人说他抛弃父兄基业，是为不孝；"九·一八"丢掉东北，是为不忠；"西安事变"，扣押义兄蒋公，是为不义；抛弃发妻，是为不仁。不过，"东北易帜"确实是张学良所做的最好的极少的利国利民的好事，因为无论如何，他为实现国家统一做出了贡献。

此刻，经过多年分裂的中国终于实现了形式上的统一，但日本军部恼羞成怒，并不甘失败，后来干脆撕破脸，直接发动了1931年的"九·一八"事变。而张学良却没有一点张作霖的枭雄之气，为保存东北军实力居然采取不抵抗政策，坐视日军侵占东北全境。日本侵占东北直接导致中日两国在几年后全面爆发战争，中国人民深深陷入长达八年的空前苦难中。真是"民国成败张学良"，这是后话。

张学良的东北易帜，使得国民党在形式上完成了全国的统一。至此，孙中山缔造的中华民国，开始了蒋介石领导的崭新历程。

蒋介石的民国新路程注定不平坦，他身边汇集了众多类似张学良的反复无常、贪恋权力的人物，即便是与他一起打天下的李宗仁也未能幸免，他后来导致了国民党的彻底溃败，自己逃到了美国，却还厚着脸皮不愿意辞去代总统职务，直至被罢免。

"为天下人心惜"的袁世凯走了，决心"内圣外王"的蒋介石能搞定这些人吗？

回看北洋：浪花淘尽
—— 英雄辈出的大时代

"滚滚长江东逝水，浪花淘尽英雄。是非成败转头空，青山依旧在，几度夕阳红。白发渔樵江渚上，惯看秋月春风。一壶浊酒喜相逢，古今多少事，都付笑谈中。"

明代文学家、状元郎杨慎的这首《临江仙》，因被用作《三国演义》主题曲而家喻户晓。北洋时期的军事强人，一个个鲜活的形象让我们眼前一亮，原来他们竟是这个样子！人的生命犹如蜉蝣，在历史的长河中稍纵即逝，但北洋军事强人对这个国家、这个民族所做的事却不能如浮云般飘过，都付之谈笑间……

北洋时代，曾经是被误读为兵戎相见、草菅人命的时代。翻看有限的史料，我们似乎都有这样的印象：这是一个"军阀混战"、民不聊生的时代，那批大军阀们个个都是穷兵黩武、窃国卖国、贪赃枉法、嗜杀成性、索刮民财、视百姓为刍狗的大坏蛋。

那么，真实的历史果真如此吗？北洋军事强人的部队都是军纪不整、滥杀无辜的痞兵痞将吗？除了带兵打仗，他们还做了些什么呢？

段祺瑞，其人品道德文章自然有口皆碑，不用赘述。这里就多说两句段祺瑞的死敌吴佩孚，这个军事强人中的儒将其实也曾素怀"澄清天下之志"，具有强烈的民族主义精神与高尚的共和情结，始终将国家统一成共和国家作为奋斗目标。固然，以武力相争是他一生打拼的写照，但他从来没有放弃过通过和平方式解决一统中国的心愿。为此，他多次呼吁召开国民大会并拟出过详尽的方案。他提出国民大会由国民自行召集，不得用官署监督，以免官僚政客操纵把持；制定宪法与修正选举方法及一切重大问题，均由国民解决；所有历年纠纷，均由国民公决。其民主法治理念，真的难能可贵。

吴佩孚还是一个廉洁的军事强人。为防止亲戚前来跑官要官，他定下原则："天、孚、道、云、龙五世永不叙用。"先将吴姓直系亲属的后门给堵上了。吴佩孚有个老同学外省当官被免，跑到河南来求情给个官差。吴在条子上批道："豫民何辜？"还有个混混跑来忽悠吴佩孚，说只要吴给他有军权的官当，他就能摆平南方革命党，然后解甲归田，以种树自娱。吴佩孚嗤之以鼻："先去种树！"

国家四分五裂，群雄纷起，西方列强虎视眈眈，各方军事强人发现凭借一己之力难以实现自己政治抱负，不少在不断的战与和中为这个国家的未来陷入担虑。

有人想了个好主意，这就是"联省自治运动"。这项运动首先从湖南发起，得到全国各省的响应。联省自治激发了大批爱国青年与知识分子的参与热情，毛泽东在1919年9月3日长沙《大公报》发表文章，呼吁"湖南的事应由全体湖南人民自决之"，积极支持湖南自治并为之呼号奔走。

1920年11月赵恒惕被广州军政府任命为湘军总司令，通过直选，当选为湖南省首任民选省长。他主持制定省级宪法，如保护人民生命及私有财产，民众有言论出版、集会结社、信仰、迁徙等自由，以及选举与被选举权、请求救恤灾难的权利等应有尽有，也有受教育、纳税、服兵役等义务的规定，并宣布"人民在法律上一律平等"。湖南省"宪法草案"的公布，开了全国省自治制之先河，是全国各省中最早公布的一部省宪法草案。

时人担心制宪自治可能被军事强人利用进而养肥利益集团，湖南《大公报》主笔龙兼公撰文《假冒也不要紧》打消大家的疑虑："军人口中都会吐出自治两个字来……他既可以利用这个名义来遂他的私图，人民又何尝不可以利用他的私图来谋群众的公益。"

自1922年下半年至1926年上半年，湖南省议会共通过禁止军队非法掠夺案73件，减免苛捐杂税及田赋案68件，弹劾、查办官吏案73件，限令政府取消借款或停止发行公债案12件；1925年，甚至还举行了一次全省范围内的县长考试……这一切，都有赖于自治与制宪理念的确定。

山东军事强人韩复榘的名声不好，其实大都是以讹传讹。韩复榘治理山东还是有功的，不仅国民政府褒奖为"模范省"，而且得到了山东民众的认可。韩复榘主政山东，做了哪些好事呢？

第一是反腐。韩复榘专门设立了内部"侦探队",选用高中毕业的青年作为反腐密探,对各部门和各市县明察暗访,直接向他密报。发现贪污受贿的官员立即逮捕处置。时有贪污受贿的公安局长、县长突然就被逮捕枪毙。

第二是禁烟。日本人以青岛、济南为基地,大肆贩卖鸦片,使山东原成为烟毒泛滥之地。韩复榘雷厉风行禁烟禁毒。发现公务人员吸毒一律革职,严重者处决。对于吸食鸦片者,韩复榘"事不过三",首犯抓住打一顿,重犯抓住还是打一顿,如果再犯直接枪毙。毒品贩子则不论其贩卖数量多少,一律枪毙。说韩复榘在山东"杀人如麻",他所杀之人绝大部分都是土匪和烟贩。

第三是兴教。发展教育事业,推行"乡村建设计划"是韩复榘主政山东的大手笔。他主持制定了《山东省各县强迫儿童入学办法》,勒令学龄儿童必须入学,经劝告不听者受罚。韩复榘治鲁7年,从来没有拖欠过教育经费。教育厅长何思源经常找他要钱,韩复榘不仅有求必应,而且还对不以为然的其他官员说,何思源是读书人,要钱办教育也是为山东好,我们都要尊重他。对梁漱溟的乡村建设计划,韩复榘积极支持。梁漱溟曾说"乡村建设的经费在河南靠冯玉祥,在山东靠韩复榘"。

北洋军事强人在维稳方面有一套自己的强硬手段。早在晚清的政坛上,袁世凯可谓一位实至名归的"消防队长",哪里着火人们就会想到请袁世凯出山,而他会马上跑步前进去"灭火"。

袁世凯当山东巡抚,就是受命于危难之时。当时山东是全国最乱的一个省,内有义和团拳会号称"刀枪不入",屡屡扰民引发外交事端;外有德国人修铁路、建矿场与当地百姓纠纷不断。一份份奏折摆在老佛爷的案前,老佛爷点了袁世凯的将:稳定压倒一切,山东就交给你了!

袁世凯走马上任便拿出"绥靖地方,消除乱源"的治理方略。对义和团针对列强扒铁路、拔电杆,"惹是生非",袁心里有数,下了一道驱逐令,各级官府立即执行,从此拳民在山东待不下去了,纷纷逃往北京、天津等地。

对此，其他省官员非常反感，但袁世凯维护一省之稳定，得到朝廷支持，他们也没有办法。对教案和修路开矿引发的冲突，袁氏一切按条约办事，条约未明确的，立即与对方谈判订约为据。在袁世凯大刀阔斧的治理之下，山东的局势就稳定下来了。

时下城管与小贩之间的关系成为一大棘手问题，城管也广受诟病。那么，北洋时期各地主政者是如何管理小商小贩的呢？

当时的各城市到处都是自由流动的商贩，临时浮摊最为常见。一般不因生意引发纠纷，警察不会过问。

小贩所交"弹压费"，相当买一碗馄饨或面条的价格，也就是象征性交一点"管理费"。著名作家老舍的父亲就曾是警察。老舍说，当时警察是有钱人看不上，老百姓也看不上，因为收入很拮据。1926年北京市警察总监曾宣布：市面萧条，小民生计维艰，暂时免收夜市及浮摊的弹压费。当时的城市也面临市容卫生等问题，但主政者为了把小贩引到统一的市场内，曾劝令商铺装设公益电灯。

在北洋这个内外交困的动乱时期，在维护国家主权问题上态度鲜明，不讲价钱。当时的北洋军事强人果断派兵收复内蒙古，坚决反对英国对西藏的分裂活动，拒绝承认非法的"麦克马洪线"，在巴黎和会上中国代表据理力争，反对帝国主义强加给中国的无理要求，并拒绝在损害中国主权的《凡尔赛和约》上签字；在华盛顿会议上，中国代表强烈要求将收回山东主权和废除"二十一条"等议题进入会议议程，尽最大努力维护国家主权与领土完整，拒不承认附加损害国家利益的种种不合理条款……

纵观北洋军事强人们治理下的北洋大时代，是一个价值多元的时代，也是一个思想自由的时代，更是一个百废俱兴的时代。在这个英雄辈出的时代里，人们敢说真话，各种观点碰撞，于是有了真正的百家争鸣，有了真正的思想大师，真正的学界高人；人们勇于探索，谦于效法，集思广益，于是有了若干为国家振兴献计献策的社会组织，有了真正不谋私利、为民服务的政党；人们筚路蓝缕，不屈不挠，于是有了奔走南北、游说各方、精诚团结、勇往直前的革命家和社会活动家；人们白手起家、艰苦创业兴业，于是有了一穷二白中拔地而起的民族工商业和一大批咱们自己的实业家，并创造了若干个"中国第一"。

这样一个充满活力、蕴含中国梦的大时代，至今仍在引领我们反思过往、借鉴文明，促使我们不断前行、复兴中华。

尽管北洋时代是个战争不断、山河破碎的年代，但它更是军事强人、社会精英渴望和平、一统中国，并为之付出不懈努力的时代。应该说，这一时期的绝大部分战争都是为国家独立、民族复兴和人民自由而战的。

北洋军事强人怀揣救国救民之理念、民主共和之梦想，在万般无奈下，才彼此兵戎相见、纵横捭阖。但每当和平有一线希望，总会有搅局者热衷于武力一统，独裁天下，将北洋军事强人的共和之梦打得粉碎，终使对民主共和的艰难探索输给了无法从头再来的历史，导致共和理念及中国近代共和体制的有次第的大倒退。

在改革中蹒跚前行的当下中国，该怎样走出历史的宿命呢？

后记

　　2013年《北洋大时代》刚面世时，我并没对这部作品抱任何期望，没有想到它竟非常受欢迎，以至于出版方一位高管短信告诉我："图书销售非常好，您以后可以走作家路线了"，我仍一笑置之。后来随着图书不断占据各大历史销售榜，以及入选诸多好书榜后，我才开始意识到，我们这种碎片式的历史创作还是有市场的。

　　不久，就开始被一些出版机构追着出《北洋大时代》第二部。由于本人才力不逮、精力有限，经过努力，直到2014年才写出了第二部《大师们的理想国》，出版后依旧火爆。随着更多出版社来访，期望与我签约图书出版，这促使我开始认真考虑合著。我想到的第一人选，就是江苏老家的一位大才子——梁江涛先生，甫一沟通，一拍即合，他说，"一起嗨一次吧"，随后就全力投入创作。这本图书部分章节系梁江涛先生执笔撰稿。

　　对于历史作品的创作，我一直情有独钟，但我不是专门写作历史读物的，也可能永远成为不了专业的历史作家，我只是一名纪录片制作人。2015年以来，网络热播两部我倾注最大激情的心血之作《中日百年战争全纪实》和《天罚：二战全纪实》，从时空的横纵点面系统梳理了中国抗战的历史，成为年度微博转发点评最多的纪录片之一。《天罚：二战全纪实》长期占据视频平台爱奇艺纪录风云榜前三，至今点播已达四千多万，这一流量在纪录片里算是"富可敌国"了。这200集的浩大工程无疑是中国纪录片界最有历史意义的事情之一，我不敢想象是自己完成的。确实，并非我的能力所及，我发现自己和团队的很多创意几乎都是从天而降，现在渐渐明白"文章本天成"之深意，老天只是假我之手做出来而已，因此，我特别感恩冥冥中的加持，让我继续了这份事业。

随着近年来对传统文化的深入学习，我发现自己对于历史的兴趣不再那么浓烈，古圣大德云"不可思议"，历史真是无奇不有。我越发感觉到，挖掘隐秘的历史角落，传播正能量功效不著，不如潜心研究古圣大德的著作，读一部圣人经典的收获远超过读万卷史书。这应该是我最后几部历史类图书作品了，以后大家看到我出的作品，应该都是传播传统文化的作品，希望能够继续受到读者欢迎。

最后，感谢解玺璋、贺卫方、袁腾飞、鄢烈山等老师，图书出版前，我联系他们，希望他们帮助推荐拙作时，他们都非常爽快地答应了，在此一并致谢。

——陈钦

参考文献

徐勇：《近代中国军政关系与"军阀"话语研究》，中华书局，2009年

张鸣：《重说中国近代史》，中国致公出版社，2012年

军科军史部编：《军事史学理论与方法研究》，军事科学出版社，1990年

李际均：《军事理论与战争实践》，军事科学出版社，1994年

军科军制研究部：《国家军制学》，军事科学出版社，1987年

刘凤翰：《国民党军事制度史》（上下），中国大百科全书出版社，2009年

钮先钟译：《近代军事思想》，（台北）军事译粹社，1976年

洪陆训：《武装力量与社会》，（台北）麦田出版股份有限公司，1999年

洪陆训：《军事政治学——文武关系理论》，（台北）五南图书有限公司，2002年

戴耀先主编：《德意志军事思想研究》，军事科学出版社，1999年

军事科学院外军部编：《美国军事基本情况》，军事科学出版社，1998年

（美）阿伦·米利特等：《美国军事史》，军事科学出版社，1989年

张玉法：《民初军系史研究(1916-1928)》，见（台北）"中央研究院"近代史所研究所：《六十年来的中国近代史研究》，下册，1989年

刘凤翰：《中国近代军事史资料与研究》，见（台北）"中央研究院"近代史研究所：《六十年来的中国近代史研究》，下册，1989年

张注洪、王晓秋：《国外中国近现代史研究述评》，中国文史出版社，1999年

蒋方震：《中国五十年来军事变迁史》，《蒋百里全集》第4卷，（台北）传记文学出版社，1971年

文公直：《最近卅年中国军事史》，收于《民国丛书》，上海书店

段祺瑞等：《训练操法详晰图说》

罗尔纲：《湘军新志》，中华书局，1939年

王尔敏：《淮军志》，中华书局，1987年

赵中孚：《近代中国军事因革与现代化运动》，（台北）"中央研究院"《近代史研究所集刊》第12期

戚其章：《走近甲午》，天津古籍出版社，2006年

施渡桥：《晚清军事变革研究》，军事科学出版社，2003年

皮明勇：《中国近代军事改革》，解放军出版社，1994年

来新夏等：《北洋军阀史》（上下），南开大学出版社，2001年

姜克夫：《民国军事史略稿》（1-5），中华书局，1987年

冯兆基：《军事近代与中国革命》，上海人民出版社，1994年

（美）鲍威尔：《中国军事力量的兴起：1895-1912》，中国社会科学出版社，1979年

中国军事史编写组：《中国军事史》（1-6），解放军出版社，1987年

高锐主编：《中国军事史略》第3卷，军事科学出版社，1991年

王兆春：《中国火器史》，军事科学出版社，1991年

王兆春：《世界火器史》，军事科学出版社，2007年

海军司令部等编著：《近代中国海军》，海潮出版社，1994 年

韦显文等：《国民革命军发展序列 (1924—1949)》，解放军出版社，1987 年

戚厚杰等：《国民革命军沿革实录》，河北人民出版社，2001 年

黄季陆主编：《革命文献》（相关各辑），（台北）中央文物供应社

蒋纬国等主编：《国民革命战史》，（台）黎明文化出版社公司

《中央陆军军官学校史稿》（全 12 卷），（台北）龙文出版股份有限公司，1990 年

李云汉：《中国国民党党史论文选集》（全五册），（台）近代中国出版社，1994 年

碣石钓叟：《民国战史评话》，新浪博客

图书在版编目（CIP）数据

北洋大战争 / 陈钦，梁江涛著 . -- 北京 ： 作家出
版社，2016.1
ISBN 978-7-5063-8709-5

Ⅰ . ①北… Ⅱ . ①陈… ②梁… Ⅲ . ①北洋军阀史—
研究 Ⅳ . ① K258.207

中国版本图书馆 CIP 数据核字（2016）第 021963 号

北洋大战争

作　　者：陈　钦　梁江涛
责任编辑：张　平
出版发行：作家出版社
社　　址：北京农展馆南里 10 号　　邮　　编：100125
电话传真：86-10-65930756（出版发行部）
　　　　　86-10-65004079（总编室）
　　　　　86-10-65015116（邮购部）
E-mail: zuojia@zuojia.net.cn
http://www.haozuojia.com（作家在线）
印　　刷：北京市通州运河印刷厂
成品尺寸：165×240
字　　数：236 千
印　　张：17
版　　次：2016 年 5 月第 1 版
印　　次：2016 年 5 月第 1 次印刷
ISBN　978-7-5063-8709-5
定　　价：39.80 元